¡Espero

que sus promesas
se cumplan ...

...antes de que mi cuerpo se arrugue!

Título original de la obra en inglés:
*I Hope God's Promises Come to Pass
Before my Body Parts Go South!*
Copyright © 1998 por Cathy Lechner

*¡Espero que sus promesas se cumplan
antes de que mi cuerpo se arrugue!*
Copyright © 1998 de la edición en español, por Casa Creación
Todos los derechos reservados
Impreso en los Estados Unidos de América
ISBN 0-88419-554-6

Casa Creación
Strang Communications
600 Rinehart Road
Lake Mary, Fl 32746
Tel (407) 333-7117 - Fax (407) 333-7147
Internet http://www.strang.com

Traducido por Liliana G. De Marco

A menos que se indique otra cosa, las referencias bíblicas
incluidas en este libro corresponden
a la versión Reina-Valera Revisada de 1960.
© Sociedades Bíblicas Unidas. Usada con el debido permiso.

Los versículos seguidos de la referencia «(*The Message*)»,
son una traducción de la versión *The Message* (El mensaje),
una paráfrasis liibre de NavPress Publishers.

Primera edición, 1998

Carmen Diaz

¡Espero

que sus promesas
se cumplan ...

...antes de que mi cuerpo se arrugue!

Carmen Daley Dias
Jal Dic/11

**Para cada mujer que está esperando
que las promesas de Dios se cumplan en su vida.**

Cathy Lechner

CASA
CREACIÓN

Este libro esta cariñosamente dedicado a...

Nuestros seis (y calculados) hermosos niños. ¡Ustedes son la respuesta gloriosa y consumada a mis años de lágrimas y dolor!

Jerusha Rose, Hannah Ruth, Gabriel Levi, Samuel Josiah, Abagael Elisha y Lydia Danielle

Y a...

Erin Colleen Yancey, mi paje de armas, mi mano derecha, mi Rut, mi secretaria, mi hija en el Señor y mi hermana en Cristo. Eres mi «amiga por siempre».

Reconocimientos

Carmen Rias

TENGO MUCHOS RECONOCIMIENTOS que hacer en referencia a este libro. Si no has tenido la oportunidad de ser reconocido, entonces probablemente ni leas esto. Lo siento, problema tuyo.

Necesito agradecer a quienes elaboran las pasas de uva recubiertas de chocolate. Ellas me han visto a través de tiempos muy conflictivos. También a mi perro caniche Beau, quien me ha dado enorme gozo y mucho material para los sermones.

A Esteban y Joy Strang, mis amigos y *coobreros*. Sé que estarán en desacuerdo a causa de su genuina humildad, pero yo les debo mucho. Ustedes tienen mi respeto, mi amor y mi lealtad. También tienen mi cheque de regalías. ¡Gracias!

A mi publicador, Tom Freiling, quien pacientemente ha padecido muchas reuniones en mesas de restaurantes, sonriendo y tamborileando sus dedos en la mesa, el día antes a mi fecha de cierre. Permaneciste dulce, aun cuando te preguntabas si finalmente habría un manuscrito. El Señor tiene planes poderosos para ti.

A Rob Clyde, alguien que realmente me entiende. No es tan fácil explicar estos títulos a los dueños de las librerías. También eres mi favorito.

A mi editora, Alyse Lounsberry, quien creyó en lo que yo tenía para decir, y me animó a decirlo (y quien hizo una gran labor manejando este libro). Quiera Dios usarnos como Pablo y Bernabé juntos para la edificación de su Reino.

A mis pastores Wiley y Jena Tomlinson, y Bob y Mary Louise Bailey, quienes nunca parecen estar cansados de amarme y pastorearme. Agradezco también a la familia de la iglesia Ministerios del Nuevo Pacto (New Covenant Ministries) en Jacksonville, así como a mis amigos del pacto, en New Life y la Iglesia del Mesías (Church of the Messiah).

A mis siempre pacientes, siempre amorosos y esforzados padres, Clive y Rose Rothert, quienes me ayudan a través de mis fechas de cierre y mis muchas tribulaciones.

A Michael, Terry, Elisabeth, Abagail y Mary Brantley. Lo escrito es real acerca de ustedes: «Un amigo ama en todo tiempo.»

A Cindy y Dwayne Carrillo. ¡Qué bendecida que fui cuando vinieron del Oeste…!

Mi amor y apreciación a Daniel Robinson, quien ha hecho de mis niños un ministerio.

A mi querida abuela y mujer de oración, Ruth Rothert, cuyas oraciones son más preciosas para mí que el oro.

A Mark y Judy Schubert, quienes llevan mi carga.

A Terry Ward, gracias por tu amor desinteresado, manifestado en tu silencioso ministerio para conmigo.

A Rick Godwin, quien no tiene ni la más remota idea de quién soy, pero cuyos principios y enseñanzas a través de los años me han elevado a un nuevo nivel. Su disposición a la audacia me ha hecho audaz a mí también. (Por favor, no me demande por enseñar su material de enseñanza durante diez años).

A Eric y Lynn Jones, quienes no sólo están en nuestro equipo sino que también son nuestros amigos.

A Trudy Cooper y Ellen Ludlam, quienes sirven fielmente.

Finalmente, deseo agradecer a las dos personas más importantes en mi vida: mi Señor Jesús, cuya voz es por lo que vivo, y cuyo «bien hecho» es todo lo que busco; y a mi esposo Randi. Tú eres mi roca, mi razón y mi mejor amigo. Y, sí; finalmente, después de veintiún años, sé que eres capaz de hacer cualquier cosa por mí. Gracias por empujarme a buscar lo mejor que Dios me tiene preparado.

Contenido

Introducción

Dios se desvive por ti. Él está absoluta y totalmente enamorado de ti. Precisamente en este momento está pensando en cómo bendecirte. ¿Crees eso? Necesitas creerlo. Es una de las claves para el nacimiento de tus promesas.

No creo que haya algo tan frustrante como el estar llena de promesas, esperanzas y deseos, y nunca ver que se cumplen. Este ha sido un año de lucha para mí. Tú sabes; en una mano sostengo las promesas de las respuestas dadas a las oraciones, por parte de mi amoroso y maravilloso Dios. En la otra mano sostengo una espada, y he estado ocupada batallando lo necesario para finalmente ingresar en esas muchas promesas. Cada paso hacia adelante ha sido un terreno duro de ganar. Las victorias, por supuesto, son dulces, dulces, dulces. El premio también lo ha sido: ¡Él mismo! Él me ha dado su propia y preciosa presencia. La unción ha crecido. Realmente no quiero hablarte acerca de mis pérdidas. Hubo tiempos en que arrojé mi espada y grité: «¡Olvídalo!» Y también hubo tiempos en que los gasté mis frases favoritas, tales como «¿Por qué yo?», y «¿Por qué *no* yo?»

Durante aquellos momentos pude ver que Dios me podía amar y usar, a pesar de mi débil voluntad y mis tristes fracasos. Todo es parte de la aventura, supongo. Eso me da esperanza.

Por eso, otra vez, mi querida lectora, ven a un maravilloso «tour» conmigo. Y, como de todas formas lo haremos, disfrutemos de un buen tiempo. Mi objetivo para este año ha llegado a ser: «Si debemos sufrir antes que la respuesta llegue, entonces estamos en camino a celebrar mucho mientras esperamos.»

Ahora bien, ¿qué camino tomamos para disfrutar el pastel o una deliciosa crema helada? ¡Oh, cierto! ¡Olvidaba que estoy haciendo dieta! ¿Qué camino tomamos para el pastel y la limonada?

—Cathy Lechner
Jacksonville, Florida.

Uno

El Señor de lo imposible

ARRASTRANDO MI PORTAFOLIOS con el brazo que me quedaba libre, y pateando mi valija hacia el pasillo del hotel, tomé la llave del cuarto con mis dientes. Sé que esto no es muy higiénico, pero viajando tanto como lo hago, sencillamente debo olvidarme de la imagen de mi madre, apuntando con su dedo índice y diciendo: «Cathy Lee, saca eso sucio de tu boca; ¡...no sabes dónde estuvo antes!»

Al momento en que arrojaba mi último equipaje en el medio del piso del cuarto, escuché al espíritu de Dios hablarme. Su voz fue muy clara —no audible, pero sí fuerte y clara—, y lo que dijo fue: «Cathy, estás viviendo en lo *posible*.»

Me encontraba en Rock Hill, en Carolina del Sur, parada en el cuarto de un hotel, sintiéndome cansada, con la ropa arrugada y sucia de haber viajado todo el día; y sin estar preparada para escuchar la voz de Dios. No fue así como lo había escuchado hablar antes. En efecto, mi ministerio completo está centrado en escuchar del corazón de mi Salvador. Usualmente estoy esperando por Él, o al

15

menos escuchando una cinta musical de adoración cuando habla.

Al escuchar: «Cathy, estás viviendo en lo *posible*», caí de rodillas en el medio del cuarto, rodeada por mis valijas sin abrir. Levanté mis manos hacia el cielo y comencé a clamar en mi más «oficial» y espiritual voz: «Gracias, Señor. Gracias por tu amor y afirmación», exclamé.

«Esto no es un cumplido; ¡es una reprensión!», replicó el Señor.

«¡Perdóname!» No podía creer lo que estaba oyendo. Inmediatamente comencé a defender mi actitud en mi mente —algo que pensé había sido excelente—, esperando que de alguna manera el Señor lo escuchara.

Otra vez en el camino...

Viajo cada fin de semana, dejando atrás a mi esposo y mis hijos, a fin de obedecer el mandato de Dios de enseñar su Palabra. He escrito libros y me he puesto a mí misma bajo presión y cronogramas estrictos a fin de que otros puedan ser animados. Me has escuchado mencionar varias veces que mi esposo Randi y yo hemos adoptado cinco bebés, salvándolos de las manos del enemigo. Por lo tanto, me siento impulsada a replicar: «¡*He hecho al menos el doble para el Reino que lo realizado por la mayoría de la gente que conozco!*»

No obstante, Dios ve las cosas en forma diferente. «Hija, el vivir en lo posible es lo que la mayoría de la gente hace. Puedes quedarte ahí si lo deseas, pero si anhelas aquellas cosas que has visto por mi Espíritu, profetizadas por mi Espíritu, y si deseas ser parte de mi movimiento sobre el tiempo final, entonces debes salir de lo posible y vivir donde yo estoy.»

«Pero..., Señor; ¡no sé dónde es eso...!»

«Es en lo imposible. Mientras permanezcas en lo posible, *tú* eres el señor. Pero si estás dispuesta a dar el paso hacia aquí, donde estoy, Yo soy el Señor de lo imposible.» Allí fui quebrantada. Fui capturada. Cuando alguien te dice que ha escuchado hablar a Dios, llega a ser algo sumamente subjetivo (tú sabes, cejas levantadas y visiones del cometa Halley). Siempre he cuestionado las conversaciones que otros cristianos dicen haber tenido con Dios. Cuando Él me habló, no estaba enojado. Su voz estaba llena de misericordia y compasión. ¡Aun cuando sus palabras contenían un reproche, Dios fue amable conmigo! ¡Qué idea novedosa...!

Pasaron alrededor de cuatro horas, estando yo allí, llorando en aquel lugar, en el cuarto #103 de aquel hotel de Rock Hill. Durante ese tiempo el Señor trató amorosamente conmigo, mostrándome áreas de duda e incredulidad, escondidas debajo de la superficie, sobre el por qué había sido cuidadosa en permanecer dentro del campo de lo posible.

Aunque mi nivel de fe y obediencia en ese momento era, pienso, limitado, me sentía cómoda con eso. Mientras no ocurriera ningún mal mayor, y los ingresos familiares permanecieran estables, podía mantener todo bajo control. Eso es vivir en el reino de lo posible. Casi no necesitas clamar a Dios, porque tienes todo más o menos encaminado. No necesitas mucha fe, porque te estás manteniendo.

En cualquier día, una circunstancia o situación sobrevendrá y te forzará a salir de esa «zona confortable», y serás lanzada en las impredecibles aguas de lo desconocido. Es allí donde vienes a familiarizarte con el Señor de lo imposible.

No trates de nadar de regreso a la orilla; no funciona. Abraza el cambio con gozo. (Y no te hará nada malo tener una cajita de pasas de uvas para ayudarte a sobrellevarlo.)

Hay una tormenta aproximándose

En mi vida he encontrado que Dios no introduce un pensamiento nuevo por la sencilla razón de que no tiene otra cosa que hacer. Lo hace como preparación para el próximo nivel al que desea llevarme. Terminada la conferencia, volé a casa en el domingo, sin darme cuenta de que mi vida y mi caminar con Dios serían cambiados para siempre. Hasta el ministerio tomaría una nueva dirección debido al trato de Dios conmigo en ese fin de semana.

Temprano en la mañana del lunes, mi hija y yo fuimos al club atlético para hacer ejercicios físicos. (Solo una nota para ustedes, lectores que están siendo golpeados por el remordimiento de la culpa por no hacer ejercicios: personalmente creo que el ejercicio puede ser un complot demoníaco para forzarnos a ponernos un ridículo traje deportivo rojo de lycra, pagado a un altísimo precio en una tienda de modas deportivas, arreglar nuestro cabello, maquillarnos y sentarnos por treinta minutos frente al televisor, para ver el programa «Un cuerpo esbelto» en el Canal Familiar.) Para mí, prefiero los equipos de gimnasia, que permiten verte mejor sin tener que hacer realmente nada. Mi primer visita gratis a las facilidades fue interrumpida casi al principio, cuando pregunté a la instructora que estaba dando una demostración sobre un aparato tipo bicicleta, para preguntarle si tenía algo menos exigido, como un *jacuzzi*, por ejemplo. Ella giró sus ojos hacia mí y me examinó: celulitis galopante en los muslos y cuartos traseros. Me tomó y me llevó al cuarto de pesas. Puso en mi mano una pesa de cuarto kilo y me pidió que la levantara. Me sonreí, pensando: «*¡Puedo levantar dos pequeños de tres años cada uno, y a la vez balanceo a uno lloroso de dos años que se cuelga de mi pierna, mientras camino para sacar una fuente con carne del horno, hablando por teléfono, al que sostengo entre mi hombro y mi quijada!*»

Esta escuálida y pequeña niña que me miraba realmente no me conocía. Tomé la pesa y, mirándola de soslayo, le pregunté si tenían camas para broncear la piel.

Diré: «Tal vez, Señor»

Aquella mañana del lunes, después de que el Señor tratara conmigo durante todo el fin de semana, estuve trabajando en la tabla inclinada de 10°. Había dejado caer las pesas, rindiéndome después de dos intentos, cuando el Espíritu Santo me habló otra vez.

«Cathy, hoy, esta misma mañana te llamarán de la agencia de adopción. Ellos tienen una bebé mestiza para ti. Mi mano está sobre ella, y tengo un gran destino para esta niña. Deseo que tú y Randi la adopten y la hagan crecer para mi reino. Llámala *Lydia*.»

Acostada en el banco, en mis ropas «Ayúdame-Jesús-soy-tan-fea», el sudor goteaba sobre mi cara. (Por supuesto, el aire acondicionado del gimnasio se había descompuesto ese día.) Comencé a discutir con Dios.

«Pero, Señor, no tenemos más cuartos; nuestra casa ya era pequeña hace dos niños atrás. Ya no tengo cosas para bebés porque las regalé todas. Realmente, no tenemos el dinero para pagar lo necesario para otro niño. Señor, sabes que me estoy recuperando de una cirugía y que mis fuerzas se han ido. Esto no es conveniente en lo absoluto. ¡Realmente, no lo es!»

¿Sabes lo que el Señor dijo en respuesta a mis argumentos? ¡*Nada*! Mudo; ni una sola palabra. Tú sabes, Dios nos abre una oportunidad para que ingresemos al reino de lo imposible, pero no nos fuerza a entrar.

Manejando el auto de regreso del gimnasio, compartí lo que sentí que el Señor me había hablado con mi hija de 19 años, Jerusha. Le abrí mi corazón acerca de lo que el Señor estaba tratando conmigo, apresurándome a explicarle la diferencia entre el reino de lo posible y el de lo imposible. Al final le conté sobre la nueva bebé que Dios dijo que estaba siendo enviada a nosotros. Ella me miró fijamente, totalmente inmóvil, y respondió: «Seguramente, Mami, ¡*no* estas pensando obedecer a Dios! Por favor, Mami.»

«Bueno, no quiero quedar leprosa, o que mi pierna se caiga, o ser tragada por un gran pez mientras me estoy dando una ducha...», lamenté.

La única respuesta de mi hija fue: «¡Ohhh, nooo...!»

«Adivino que debe haber sido Dios»

No había terminado de cambiarme la ropa, servirme una taza de café y sentarme en mi confortable sillón, cuando el teléfono sonó. Jerusha contestó el llamado. Miré y la vi parada en la puerta de mi dormitorio, con una apariencia de descreimiento en su cara.

«Primero de todo, Mami, eres buena. Eres muy buena. Segundo, infundes miedo. ¡Das mucho miedo! ¿Quién querrá jamás invitarme a salir? ...Es la agencia de adopciones.» Ella dijo todo eso y me pasó el teléfono.

Una bebé había nacido en el fin de semana. Mientras Dios estaba tratando conmigo en aquel cuarto del hotel de Rock Hill, la madre estaba en sala de partos. Era necesario un hogar para la bebé. ¿estaríamos Randi y yo interesados adoptar una niña biracial?

Le dije a la agencia que le devolvería la llamada. Me senté allí, aturdida. Que Dios te hable acerca de dar un paso adelante en la fe y realmente hacerlo son dos cosas completamente distintas.

Realmente es divertido. Justo el día antes me había estado cantando una canción cristiana con estas palabras: «Diré sí, sí, sí. Diré sí, sí, sí. Diré sí, Señor; a ti lo haré, Señor. Diré sí, sí, sí.» Ahora estaba cantando: «Diré tal vez, tal vez, tal vez...»

Habiendo estado casada por veintiún años, he aprendido que hay cosas que no debes hacer. Una de ellas es caminar y anunciar a tu esposo: «¡Oh, hombre de Dios, el Señor ha hablado y me ha dejado saber que tú, allí donde estás, debes tomar un bebé del género femenino, y criarlo inmediatamente...» ¡No, no, no, no...! No hagas eso. Al menos nunca funcionó conmigo. Aquella tarde compartí con mi esposo acerca de la nueva «oportunidad» que Dios nos había abierto.

Adoptar un bebé no es como comprar un melón o un nuevo automóvil. No puedes cambiar de idea y negociarlo. Randi y yo sabíamos eso. Él me preguntó si aún teníamos algunas cosas para bebés. «*No.*» «¿Tenemos algo de dinero para eso?» «No; excepto los cupones que tengo por valor de 130 dólares, y un billete de 20 que tengo en un lugar secreto de mi cajón de ropa interior.» «Nuestra casa es muy pequeña; no tenemos un cuarto para otro bebé. Necesitamos escuchar algo de parte de Dios...», dijo.

Recuerdo haber pensado en ese momento: «*No tenemos otro cuarto, ni tiempo, ni dinero, ni fuerzas, ni energía. ¡Oh! ¡Todo suena como que viene de Dios!*» Cuando es el tiempo más inconveniente, y cuando uno está comenzando a encontrar su solaz, Dios dice: «Es tiempo de dar otra vuelta al tornillo.»

La mañana siguiente, Randi y yo nos sentamos a hablar. Pregunté: «¿Qué dijo Dios?»

Él respondió: «Dios dijo que Él ya te había hablado a ti, y que estamos para hacer lo que Él te dijo que hiciéramos.» Me sentí excitada y temerosa al mismo tiempo.

Esa misma tarde nos encontró en un avión, en camino a buscar a nuestra nueva y preciosa bebé. Cada uno fue pensando en sus nombres favoritos. Yo no dije nada. Ya teníamos conocidos suficientemente bien los buenos nombres bíblicos. Los únicos que nos parecían oscuros y feos fueron Hogla y Zelofehad, uno de los cuales probablemente significa «el ganado está muerto».

Nuestra Hannah, quien entonces tenía 3 años de edad, quería ser parte, por lo que dijo inesperadamente:

21

«Llamémosla "Jumanji"», lo cual, por supuesto, es el nombre de una película popular sobre magia.

«¿Qué tal Lydia?», dije. Todo lo que Dios me había hablado proféticamente acerca de esta niña fue sin variación. Me preguntaba si María, la madre de Jesús, o Elisabet, la madre de Juan el Bautista, se habrían sentido alguna vez tan abrumadas como yo en ese momento. Entonces, Lydia Danielle se convirtió en una Lechner. Fue «amor a primera vista».

Querida mía, de forma soberana, Dios proveyó una cama y ropas; no solamente «cosas lindas», sino vestidos exquisitos, escarpines y mantas.

¿A dónde se fueron todos?

Menos de una semana después, me encontraba en un avión dirigiéndome hacia el norte para una conferencia de tres días, con Lydia en mis brazos. Apenas nos habíamos registrado en el hotel cuando me di cuenta que ya tenía un mensaje esperando. Mi esposo había llamado, diciendo que era urgente.

Llamé por teléfono a casa inmediatamente, y mi esposo me dijo que nuestro abogado necesitaba 5000 dólares para cerrar el trato ese mismo día, a fin de cubrir con todos los gastos médicos y legales que habían tenido lugar con el nacimiento de Lydia. No tenía una semana de vida y ya tenía deudas.

Obviamente, no teníamos el dinero. El pánico comenzó a embargarme. Randi me preguntó qué debíamos hacer. Supongo que pensó: «*Ella es quien escuchó de Dios. Seguramente Él le ha dado el resto del plan...*» Se sugirió que diéramos un «cheque a fecha» (posdatado). No pensé que entregar un cheque con fecha futura a un abogado fuera una buena idea; especialmente si no teníamos cómo cubrirlo. Podía sentir que se estaba gestando una gran discusión entre nosotros, por lo que nos saludamos, siendo mis últimas palabras: «¿Qué pueden hacernos ahora? ¿Vendrán y nos sacarán la bebé?»

Tan pronto como colgué el teléfono, comencé a sentir que el desánimo y la depresión tomaban lugar dentro de mí. Una nube de desesperanza estaba remplazando rápidamente el gozo y la excitación en la que había venido caminando durante toda la semana.

Mi primera inclinación fue gritar: «¡Oh, Dios, ¿por qué me abandonaste? Te creí y dije "sí"!»

Sentándome en el borde de la cama, en otra habitación de hotel, y en otra ciudad, el gentil Espíritu de Dios me codeó suavemente: «Cathy, habiendo dado el paso para ingresar en lo imposible conmigo, ¿ahora estas regresando a lo posible con tu problema?»

«Supongo que no, Señor. Pero el tiempo para los milagros se reduce a sólo cuatro horas, y no veo ninguna forma posible para que lo hagas en el tiempo que te queda.»

«¿Hay algo posible, que *tú* puedas hacer, para conseguir el dinero ahora mismo?»

«No, Señor»

«En el reino de lo imposible, *yo* soy quien gobierno y reino. Confía en mí.»

Con eso, la zarza ardiente se fue. (No realmente. De todas formas, de una forma verbal, empujé afuera el desánimo y la desesperación, y me dispuse a mí misma a llevar la Palabra de Dios y ministrar ese fin de semana.)

El Señor de lo imposible

Tuvimos un tiempo glorioso en su presencia durante toda la conferencia. Nunca le mencioné a nadie mi «problema». Fue durante el último servicio matutino del domingo que el pastor me pidió que trajera a Lydia a la plataforma, para que él y los ancianos oraran por ella. Me alcanzó un sobre, diciéndome que era un regalo para la bebé. Yo pensaba: «*Será un "Cupón de regalo" de veinte dólares, para comprar en Tiendas Sears»*, lo cual hubiera sido muy bienvenido.

Después del servicio fuimos a la oficina del pastor, y él me preguntó si había tenido oportunidad de mirar adentro del sobre. Le dije que aún no lo había hecho. Esto fue lo que él me dijo: «Cathy, durante toda la última noche el Espíritu Santo me estuvo hablando para bendecir a Lydia. Fue tan fuerte que finalmente tuve que llamar a los ancianos para saber si ellos estaban de acuerdo; lo estaban. Nosotros necesitamos espacio para construir nuestro nuevo santuario, y estamos plantando esta semilla en Lydia por nuestro nuevo edificio. Abre el sobre.»

En el sobre había un cheque por 5000 dólares. Caí al piso en lágrimas. Lloré no solo porque Dios había cubierto nuestra necesidad, sino también por la vergüenza de no haber confiado en el Señor de lo imposible.

Dios conocía el plan desde el principio. Él ya había enviado a la bebé, preparado a una familia y cubierto la parte económica. ¡Cuán glorioso es nuestro Rey!

¡Si tu sueño no te asusta, no es lo suficientemente grande!

No todos los que supieron acerca de nuestra nueva bebé tuvieron la misma revelación. Hasta miembros de la familia hicieron declaraciones como estas: «¡Ustedes debieran hacerse revisar las cabezas!» No todo el mundo es llamado a hacer lo que Randi y yo hemos sido llamados a hacer. De hecho, la mayoría de la gente está agradecida de no tener el llamado de adoptar niños pequeños. Sin embargo, *todos* somos llamados a caminar en lo imposible.

Cuando era una niña pequeña, uno de mis programas favoritos de televisión era *Misión imposible*. Cada semana miraba este pequeño equipo de agentes secretos, cuyas habilidades los calificaban para ser lanzados continuamente en situaciones de resolución imposible. Cada semana los podía ver escapando con vida sobre el límite.

Viendo a alguien hacerlo en televisión, o aun escuchando el testimonio de alguien, es suficiente para sacudir nuestras cabezas y decir: «Mejor que te ocurra ti y no a mí.» Otra declaración profunda es: «Esto es lo más cerca que llego de algo así.» Podemos permanecer distantes, cómodamente instalados en el pequeño mundo de lo posible. O podemos dar un paso hacia el mundo de lo imposible, donde realmente es temible.

Estoy orando para que, así como no fue un accidente que este libro haya llegado a tus manos, al tiempo de terminar de leerlo puedas aceptar el desafío de embarcarte en la «montaña rusa» del reino de lo imposible.

Dos

El inminente nacimiento de tus promesas

CUANDO NIÑA ESCUCHÉ el siguiente texto vociferado muchas veces desde varios púlpitos: «Donde no hay visión, el pueblo se extravía...» (Proverbios 29.18, NVI). Lo que los predicadores querían decir era: «Este domingo está dedicado al levantamiento de fondos para la construcción del santuario; por lo tanto, dejemos que la marca roja suba, suba y suba.» A no ser que fuera un domingo de misiones, entonces significaba: «Ustedes, cristianos engordados y consentidos, necesitan dar, porque miles de personas están esperando escuchar del Evangelio. Y si ustedes no dan, ellos no pueden oír, e irán a morir en el infierno, y todo será por culpa de ustedes.»

Lo que Proverbios 28.19 realmente significa es: «Sin una visión, un sueño, una profecía o una revelación, mi pueblo morirá.» Dios está diciendo: «Tú necesitas algo *más grande* que tú mismo por lo cual vivir.»

Recuerdo haber escuchado una historia en televisión sobre una mujer que fue ciega por años, quien llegó a una cruzada de milagros de sanidad. El hombre de Dios oró por ella e instantáneamente fue sanada. Todo el mundo estaba loco de la excitación, con gozo y alabanza, incluyendo al predicador. La mujer sanada simplemente estaba allí parada. Se le preguntó si tenía algo que decir. Ella dijo: «Dios me dijo que si venía aquí y usted oraba por mí, volvería a ver. Me tomó seis días llegar hasta aquí, porque viajamos por casi 5000 kilómetros en automóvil. *¡Y Dios lo hizo!*»

Esta mujer tenía una visión, una palabra, una revelación. Eso la había mantenido en camino. «Implacablemente la desilución te deja desconsolado; pero un repentino buen receso puede cambiar tu vida» (Proverbios, *The Message**).

¿Necesitas un quiebre en tu vida? No lo encontrarás en una tienda de «instantáneos», amada mía. Mi oración por ti es que, a medida que leas este capítulo, una nueva esperanza, una nueva visión, una nueva revelación se levante en ti debido a tu situación, cualquiera sea esta.

Dios desea restaurar tu esperanza

Amo el profetizar y hablar una palabra de esperanza, confirmando o destrabando el sueño oculto en el pueblo de Dios. Sin embargo, *tener* la palabra es la parte más fácil; *caminar* a partir de allí para que la promesa sea cumplida es lo más duro.

Cualquiera puede recibir una palabra. Todo lo que debes hacer es ir a una conferencia, iglesia o reunión profética. Pero… lleva tiempo y paciencia llevarla a buen término.

La concepción, el embarazo y el parto son ejemplos perfectos de recibir, nutrir y cumplir la palabra de Dios en tu vida. Tracemos unos pocos paralelos sobre estas líneas.

---

*Los versículos seguidos de la referencia «(*The Message*)», son una traducción de la versión *The Message* (El mensaje), una paráfrasis libre de NavPress Publishers.

El inminente nacimiento de tus promesas

El *cuidado prenatal* es el entorno más apropiado y necesario para que tus promesas «den a luz» sobre la tierra. He escuchado a muchos cristianos decir: «Hermana, solo pon las promesas sobre la repisa; está en Dios que ocurran.» ¡No! ¡No puedes poner una promesa o profecía sobre una repisa y esperar que viva, más de lo que ocurriría si hicieras lo mismo con un feto humano! Si simplemente te vas y dejas las promesas en el estante sufrirás un aborto espiritual. El feto humano recibe vida de su madre. Esto implica la alimentación adecuada, la nutrición y chequeos mensuales —y durante el último tiempo, semanales. Ocurre lo mismo con las promesas: requieren de nuestra atención regular y nuestra oración nutritiva.

Una mujer encinta comienza a ver que su cuerpo toma formas extrañas. Se estira de formas que, ella piensa, son humanamente imposibles. Tal ocurre con las promesas en el Espíritu. La prueba de la *expansión* debe ser fortalecida.

Ahora bien, confieso que me gusta «navegar» (*zapping*) por los canales de televisión; es muy educacional, especialmente cuando «hago puerto» en el Learning Channel.* Me doy cuenta que en alguno de esos programas muestran con frecuencia cosas que es mejor no haberlas sabido. Por ejemplo, un programa fue el reporte especial sobre «Usted y su liposucción», el cual vi de principio a fin, con la nariz pegada al televisor, en un rapto de fascinación. Allí mostraban a una mujer gorda y fofa, que debe haber pagado miles de dólares para exponer aquello por lo cual nosotros pagaríamos para ocultar. Estaba recostada en una mesa, como una ensalada en la mesa de un restaurante.

El equipo de doctores procedió a introducir un largo y finito tubo en su «área de problema» (y no muy suavemente, agregaría). Una zumbante máquina, ruidosa como una aspiradora, comenzó a succionar la grasa. Y esto ni

---

*Learning Channel («canal para aprender»). Uno de los canales de cable en los Estados Unidos cuyos programas son enfocados al conocimiento de las ciencias en general.

siquiera fue lo peor. Pusieron la grasa en un frasco como los de mayonesa, y, revirtiendo el sentido de la máquina, ¡bombearon la grasa dentro de la zona de las mejillas y labios de la mujer!

Comencé a reírme mientras miraba la grasa amarilla, acumulada dentro del frasco de mayonesa. Esa pobre mujer *pensó* que estaba robándose un bocadillo «en medio de la noche». ¡No tenía ni idea de lo que, finalmente, sería mostrado en la televisión nacional dentro de un frasco usado de mayonesa!

No te pierdas tu día de concepción

Allí estaba yo nuevamente, frente al televisor, haciendo *zapping* otra vez, cuando me detuve en el «Learning Channel», en un programa sobre el tema de la fertilidad. Un experto en obstetricia estaba dando sus comentarios. Por supuesto, pensé que por el hecho de haber estado embarazada una vez, ya sabía todo lo que había que saber sobre el tema. A medida que el programa corría, me fui dando cuenta de cuántas cosas mi maestra de educación física en noveno grado había dejado de lado en la clase «Sólo para mujeres».

El doctor en el televisor explicó que durante el ciclo mensual de la mujer hay sólo dos días en los que ella puede quedar embarazada. (Él comenzó a proveer un montón de términos altamente técnicos que ni tú ni yo, sin ser profesionales, hubiéramos entendido jamás. Lo que él quería decir fue que el fluido del cuerpo femenino comienza la «danza de los siete velos», o algo así.) El resto de los veintiocho a treinta y cinco días, el mismo fluido de su cuerpo resiste la gestación del óvulo. Sin embargo, todo cambia durante esos dos días.

Aparte de que son tan sólo dos días, hay solamente *dos horas* cuando se alcanza la más alta probabilidad de fertilización. Por supuesto, aquellas de ustedes que tienen trece o catorce niños, pueden no creer esto. El punto que estoy queriendo remarcar es: *no te pierdas el día de tu concepción*. La Palabra de Dios en usted es una semilla de vida. Su precioso Santo Espíritu viene a fertilizarte y embarazarte con una nueva vida. Proverbios 30.15,16 nos dice que la matriz estéril es una de las cosas que nunca se sacian. Lo mismo ocurre en el campo espiritual. Es muy frustrante tener palabra tras palabra, promesa tras promesa, y nunca ver la plantación y fertilización de la semilla.

Una niña nace completa, con todos los óvulos que necesitará durante toda su vida. Randi y yo tenemos cuatro hijas solteras. Entonces, cada una de ellas tiene la *aptitud* de quedar embarazada, pero no la *capacidad* de lograrlo al no tener esposos.

Muchos creyentes viven de esa forma. Tienen grandes destinos esperándolos. Dentro de ellos hay toda una vida de semillas a ser sembradas, fertilizadas y nutridas. Pero se sientan reunión tras reunión, servicio tras servicio, contendiendo con dolores de cabeza espirituales, no permitiendo nunca al Espíritu Santo producir vida a través de ellos. ¡Esa palabra profética es una semilla de vida! Esa semilla es poderosa. ¡Contiene el ADN espiritual!

La Palabra de Vida

Me encontraba ministrando la Palabra en Australia cuando fui atraída por una joven pareja que se hallaba en la mitad del santuario. Paré de predicar, y, sintiendo un abrumador sentimiento del amor del Padre por ellos, les di una palabra profética. El principal contenido de esa profecía era que, aunque ellos habían perdido a su hijo, Dios les daría *muchos* niños. Él traería esos pequeño desde la China, Rumania y aun de Australia. El esposo comenzó a sollozar incontrolablemente. Él y su esposa cayeron al piso y clamaron: «¡Sí, Señor! ¡Sí, Señor!»

Poco después de haber regresado a casa, recibí una

carta de esta preciosa pareja. En el sobre había una foto de su bebé —el que había muerto. Sin embargo, la carta estaba llena de excitación y expectativas, puesto que tenían un corazón para los huérfanos. La palabra del Señor hablada a ellos había dado vida a su visión.

Tú ves, la palabra profética puede hablar sobre muerte en una estación, y vida en la próxima. Muy a menudo recibimos una promesa del Señor y nuestras circunstancias gritan todo lo opuesto, contradiciendo la promesa. (¡Es por eso que mi número de teléfono no aparece en la guía!) Las promesas, ante las contradicciones, crean inevitablemente una especie de malestar espiritual.

¿Qué haces, entonces? No abortes el malestar.

Cierto día una mujer me detuvo en un centro comercial y me dijo: «Cathy, usted me dio una palabra del Señor de que concebiría y daría a luz un hijo. El doctor me dijo que era imposible, pero estoy *embarazada*.» Me regocijé con ella y la felicité. Ella continuó contándome que no tenía síntomas ni malestar matinal, ni dolor de espalda o hinchazón. Le dije que eso era maravilloso, y le pregunté de cuánto tiempo estaba embarazada. «De dos semanas», contestó con orgullo. La sonrisa de mi cara se congeló. No quería decir ni una palabra negativa, ni de incredulidad, ni aguar su fiesta. Pero, por experiencia, yo sabía algunas cosas que ella no. *«Piensa, cerebro; piensa»*, me dije mientras trataba de encontrar las palabras correctas para ese momento. «Bien…, ¿no es lindo? ¡Sólo tienes ocho meses y medio por delante…!» Es lo mejor que pude hacer.

Una de las cosas que las mujeres embarazadas comienzan a notar antes de que sus vientres comiencen a hincharse es el pequeño y sutil cambio. Muchas mujeres saben que están embarazadas antes que los test lo confirmen. Los pequeños cambios en sus cuerpos son las formas que usan las semillas para hacer conocer su presencia. Algunas mujeres tienen tantas cosas para hacer al mismo tiempo que tal vez puedan pasar dos o tres meses antes de que se les ocurra que pueden llegar a estar embarazadas. Y realmente no importa, porque el resultado es el mismo: la semilla trae cambios. Todo en tu vida cambia, y si no estás lista para eso, entonces no estás lista para la palabra de Dios. Ella también trae transformación.

El embarazo causa malestar

Al descubrir que estás embarazada el enemigo te asaltará y te bombardeará con dudas, acusaciones y preguntas acerca de tu capacidad de dar a luz vida. Solamente eso ya traerá malestar. Además, también están los malestares físicos: problemas matutinos, hinchazones, dolores, achaques... ¡Ugh!

Algunas mujeres dicen que cuando mejor se sintieron o lucieron fue cuando estaban embarazadas. Me gustaría encontrarlas y torturarlas. (¡Solo en broma!) El que yo tuve fue uno de esos embarazos que hacen vomitar durante los nueve meses seguidos. Me sentía miserable. No tuve malestares matutinos; ¡padecí destrucción total veinticuatro horas al día! Debí haber tenido una enfermedad extraterrestre.

Las mujeres en nuestra iglesia oraban por mí. Trataban de expulsar cosas de mí, afuera mío, adentro mío, cortar algo de mí, y hasta acusarme. Entonces, cuando estaban orando afanosamente a mi favor, vomité. Recuerdo a una preciosa mujer, una madre en el grupo, quien me dio este consejo que nunca olvidaré: «Cathy, en unos pocos meses, todo habrá pasado.» Ella estaba en lo correcto. Tan simple como era esta declaración, de alguna forma me dio paz.

Una y otra vez he testificado sobre el poder de la palabra profética. Sé lo que una palabra de esperanza puede hacer cuando es murmurada en medio de la total oscuridad de la derrota y la depresión que el enemigo intenta traer. La transformadora palabra de Dios puede traer orden en el caos, y gozo en medio de la pena.

¿Podemos hablar?

Algunas mujeres aman disfrutar de una sobremesa después de un encantador y extravagante almuerzo entre mujeres. Comen cosas tales como piel de anguila bebé hervida, sobre una tostada, cubierta con un baño de laca a prueba de agua, acompañada de berros frescos. Yo tomaría un helado batido con esto. Todas excepto una de estas mujeres habían tenido hijos a la antigua: en el asiento de atrás de un vagón de tren, con una bala entre sus dientes, gritando mientras su compañero permanecía afuera escupiendo y haciendo cosas de hombres. La pobre muchacha, quien no había tenido una experiencia de parto, estaba embarazada de su primer hijo. Una de las más experimentadas de las mujeres del almuerzo comenzó la conversación con este comentario aparentemente trivial, mientras masticaba su anguila hervida, usando su mejor estilo victoriano: «¿Es tu primer bebé, querida?» «Sí, señora», contestó, ingenuamente, la pequeña e inocente muchacha. De repente, las mujeres alrededor de la mesa intercambiaron sobradoras miradas de reojo. Los tiburones se movieron; el olor a sangre se percibía en el aire.

«Bien, ¡déjame que te cuente acerca de *mis* partos! Bubba fue mi primer hijo. Tenía mucho cabello. Yo padecía de acidez de estómago y estuve en trabajo de parto por tres meses y medio. Fueron muchas las veces que deseé haber estado muerta. Luego, mi segundo, Jimmy Joe, vino de cola. Salió de lado y luego se metió otra vez. ¿Puedes creer que su nariz se asomó, y la enfermera le ató una cinta escarlata a su alrededor? Ellos me cortaron para abrirme y lo tiraron hacia afuera. ¡Pesó casi seis kilos…!» Las mujeres estaban todas mirando a la inocente víctima para ver si su labio inferior había comenzado a temblar.

Por supuesto, después de escuchar a las nueve mujeres

hablar acerca de sus varios grados de dolor (cada una peor que la anterior), la joven mujer preguntó: «¿Cuántos años tiene Bubba?», esperando escuchar acerca de su próximo cumpleaños de tres años. «Veamos, él tendrá 54 el próximo marzo. Pero no te preocupes, querida; el Señor te ayudará.» Las otras mujeres asintieron con un «Amén», satisfechas por un trabajo bien hecho.

El embarazo natural y el espiritual tienen mucho en común. Pero una cosa es segura: mientras que los resultados finales son esencialmente lo mismo, cada embarazo te afecta de una forma diferente. Puedes caminar a través de una situación particular, aplicar algunos principios espirituales, y entonces: ¡*boom*! Viene la respuesta. Al próximo día, o semana, o mes, viene otro desafío, y tú respondes de la misma forma. Oras, te pones de pie, reprendes, plantas una semilla y ¡*bam*!, nada cambia. ¿Por qué? Los nuevos niveles traen nuevos demonios. La revelación fresca trae mayor tribulación.

El estar determinada a seguir a cualquier costo te trae al segundo trimestre, o segundo estado de embarazo espiritual, el cual es:

Llevando la promesa

El segundo trimestre del embarazo es una bella rutina, aunque con algunos tiempos de pesadez. Te encuentras demasiado gorda para tus *blue jeans*, pero luces ridícula en ropas de mujer embarazada. Todos tienen consejos para ti, pero la promesa parece estar lejana aún. Caminas a través de la sección para bebés en la tienda por departamentos, tocando amorosamente y acompañando con los típicos «¡ooooh!» y «¡aaah!» a todos los maravillosos y surtidos diseños de ropa para infantes. Miras la etiqueta con el precio y pegas un grito. Le das un susto a tu madre, pero luego le aclaras que no estás en trabajo de parto, sino solo en *shock*. Una pequeña chinela —que tu bebé usará sólo una vez y luego desechará por crecer minutos después— está al mismo precio que pagas por tu automóvil. Lo mismo ocurre con el Espíritu. Estás llena de ansiedad y esperanza por lo que trae la promesa por venir. Comienzas a darte cuenta que en tu nuevo sueño hay una etiqueta con un precio abultado. El evangelio es sin cargo (gratis), pero *no* es barato. No renuncies. Muchos pierden su visión durante este tiempo. Ellos llegan a estar aburridos, cansados y hasta asustados por el precio que implica expandir el sueño.

Por favor, déjame compartir algunos principios de la Palabra que he aprendido de otros que estuvieron embarazados antes que yo.

Escuché a un caballero, llamado Bernard Jordan, hacer esta profunda declaración:

«No compartas tu sueño con tus hermanastros, porque ellos no lo celebrarán.»

¡Cuántas veces venimos de un intenso tiempo de oración, o después de haber estado en un glorioso tiempo de adoración, o tal vez después de un dulce tiempo de trabajo de intercesión en el Espíritu, y lo compartimos espontáneamente con una amiga o compañera de trabajo...! Ellas se ríen, se mofan, y permanecen escépticos.

«¡BANG!» Ese fue el sonido de mi globo. El verdadero, real y precioso tesoro que tengo del Señor lo oculto en mi corazón. Algunas cosas son demasiado maravillosas y santas para ser compartidas. De alguna forma, relatarlo a otros buscando aprobación o consejo, o sólo por compartirlo, menosprecia y diluye la experiencia. Además de eso, tengo sueños que son tan grandes que muchos reirían, y sus dudas sembrarían dudas en mí, causándome pérdida de confianza en la experiencia que tuve con el Señor.

Regla #1: Haz planes para la adversidad

Eres *tú* quien debe perseverar. Muchos preciosos creyentes quieren que otros asuman la responsabilidad por ellos, y peleen su lucha. Quieren tener el privilegio de ir a un hombre o mujer santo y que sea él o ella quien pelea la batalla con Satanás a su favor. Si siempre dependes de otros, te convertirás en un parásito espiritual.

No me gustan los tiempos duros. En cierta ocasión alguien me preguntó si pensaba que los cristianos pasarían a través de la Gran Tribulación. Me reí y le dije que ya he pasado a través de once tribulaciones. No menosprecies la adversidad; ella es la que trae crecimiento. Las semillas no maduran sino hasta que pasan *a través* de la tierra.

Admitiré que la próxima revelación no te hará tambalear por la riqueza de sabiduría que contiene. Yo ni siquiera tuve que orar ni ayunar por treinta minutos para obtener esta verdad. Si te aferras a este principio ahora, será una espada en tu mano para defenderte a ti y a tu casa más tarde:

> *«El desánimo es la herramienta más peligrosa y efectiva del enemigo.»*

Según Bernard Jordan el desaliento común, simple y llano, es lo que el enemigo usa con mayor frecuencia para neutralizar a los cristianos. La desesperanza tratará de obstruir temporalmente tu visión. La profecía es Dios hablando a tu potencial. Cuando Él te habla no sólo lo hace contigo sino también con tu semilla.

Otra verdad simple que aprendí de una forma dura («la forma dura» simplemente significa el aprender algo después de haberlo hecho muchas veces mal) es: *la persona que recibe la profecía no es la misma persona que la cumple.*

El joven José tenía grandes sueños de parte de Dios. La senda que lo llevó a la corte del faraón fue a través de la prisión. El jactancioso e inmaduro José del cual leemos en Génesis 37.7 es muy distinto al que encontramos en Génesis 45.14,15. Siendo ahora un quebrantado, humilde y tierno siervo de Dios, José finalmente podía vivir los sublimes sueños que le habían sido dados cuando muchacho joven.

No te puedes imaginar cuántas veces clamé: «Señor, si este deseo no viene de ti, entonces, por favor, ¡quítamelo! Parece que no tienes apuro en que esto se cumpla; entonces, quita el anhelo.» Dios no removió el anhelo porque, verdaderamente, venía de Él. Simplemente, no podía entender que Él no hubiera formado el carácter de su Hijo en mí. Él sabía que, a pesar de todos mis bramidos, pataleos, lloriqueos y quejas, no podía permitirme dar a luz en el segundo trimestre.

Es importante saber que el tiempo de espera es también un tiempo de preparación. La fuerza de nuestra confesión es hecha manifiesta a través de nuestras palabras. Estas no son balas o *mantras* mágicos. No es «el poder del pensamiento positivo» el que trae cumplimiento; es el poder de la vida en nuestras lenguas al declarar continuamente «¡*Puedo hacerlo! ¡Lo haré!*»

Recuerda, ¡nunca serás demasiado viejo o joven, soltero o divorciado, blanco o negro, hombre o mujer, bajo, alto, gordo o flaco, para ser bendecido! Estás entrando en el reino donde los milagros no ocurren solamente una vez cada año bisiesto, sino que son un hecho común.

Tercer trimestre: comienza el trabajo de parto

A veces la misma cosa que deseo es lo que me hace sentir más miserable; igual que mi embarazo.

En mi primera visita al doctor después de saber que estaba embarazada, me recuerdo sentada en el borde de la camilla, temblando. Estaba vestida con un delantal de examinación, de papel. (Estaba usando dos... uno con las tiras hacia adelante y otro con las tiras hacia atrás, porque me había olvidado lo que la asistente del médico me había dicho que hiciera.) El doctor entró a la habitación, sosteniendo en su mano el legajo con todos mis resultados. Repentinamente comencé a verter todos mis temores sobre este ser totalmente extraño, vestido en un almidonado y blanco delantal. «Doctor, estoy muy asustada de no saber el momento en que estaré en trabajo de parto. Tal vez me encuentre aspirando la alfombra cuando mi bebé salga y caiga al piso, y sin querer lo aspire, entonces tenga que romper la bolsa de la máquina con los dientes y enjuagar al bebé...» Y así seguí disparando frases. El doctor me miró fijamente por encima de sus anteojos, en lo que estaba segura era descreimiento puro.

Sonriendo, cruzó sus brazos y dijo: «Señora Lechner, no se preocupe; *¡usted lo sabrá!*» Seguidamente escribió algo en mi legajo; probablemente fue: «Está loca.»

Luego me dio una fecha para el parto. Ahora bien, no quiero que parezca una queja, pero me parece totalmente injusta la asignación de una fecha específica. La mía fue para el 8 de mayo, pero a mitad de abril el doctor dijo: «Puede ser en cualquier momento.» El 8 de mayo llegó y pasó. La forma de Dios es que te dirá «qué» es lo que hará, pero raramente el «cómo» y el «cuándo». Él simplemente te asigna una «temporada», pero cuando el trabajo de parto comienza, no tienes absolutamente ninguna duda de que es eso; *estás en trabajo de parto.* El buen médico estaba en lo correcto. *¡Lo supe!*

El parto demanda toda tu atención

El tiempo de los malestares señalan la inminente manifestación de la bendición de Dios. En otras palabras, cuanto más lastima, más cerca estás. Esas son las buenas noticias.

39

Randi y yo tomamos clases de preparto a fin de prepararnos para el nacimiento de nuestra hija. Fue allí donde descubrí que el estar recostada en el piso, apoyada en un cojín, con los brazos de mi esposo rodeándome y «jugando» a estar en trabajo de parto, (sabiendo que una hora después estaríamos comiendo en un restaurante) es algo muy diferente a *un parto verdadero*.

A pesar de lo que Hollywood diga, no te verás ni te sentirás tan bien inmediatamente después de haber dado a luz. La fatiga bien puede preceder al nacimiento, por lo cual no la menosprecies cuando venga.

El trabajo de parto es eso: trabajo. Y tú debes trabajar tu profecía. En las clases de preparto te enseñan a concentrarte y continuar respirando aun cuando el dolor llega a ser intolerable. Debemos guardar la Palabra de Dios delante de nuestros ojos, recordando siempre que el Santo de Israel, quien es nuestro esposo, no abandonará a su novia mientras damos a luz su vida en nosotros.

Conquista el temor del trabajo de parto

No te conformes con el confort ni tomes un camino menos doloroso. Conquista el temor del trabajo de parto inclinándote hacia el dolor. Recuerda, el temor es una falsa evidencia de apariencia real.*

Acostumbraba a creer que si tenía la combinación perfecta de palabras, y la suficiente fe, finalmente tendría la atención de Dios. Él diría: «Finalmente, Cathy, tienes la perfecta combinación de palabras, fe y tiempo, por lo que contestaré tu oración.»

Si algo he aprendido, es que Dios puede llegar a tener una agenda escondida para mi milagro, y solamente porque yo no la entienda, no significa que Él me haya

---

* La autora, al escribir originalmente en inglés, usa una charada sobre la palabra FEAR (temor): False Evidence Appearing Real.

olvidado. Solo porque no haya visto ningún resultado visible, no significa que Él ha dicho *no*.

Cuando eres desafiada con una visión que puede promover el Reino de Dios, piensa en ti misma como una discípula elegida. Si tu vida se parece en algo a la mía, podemos estar embarazadas al mismo tiempo con cuatro o cinco diferentes visiones, todas en diferentes etapas, todas completamente imposibles de cumplirse en nuestros propios poderes y fortalezas. Pero Dios es el Señor de lo imposible.

Toma el riesgo que Dios está requiriendo que tomes. Sal de lo posible y únete a mí en el reino de lo imposible. Seguro, da miedo. Pero créeme cuando digo: «¡Vale la pena!»

Tres

Estoy segura de que Dios sólo quería saber si yo lo deseaba

Estaba en el baño, haciendo cosas del baño, cuando una mujer con cara sonrojada me capturó y me dijo: «Cathy, espere un minuto. *Debo* decírselo.» Las palabras salían desordenadamente, más rápido de lo que mi cerebro (o el de ella) podían registrarlas.

«Usted me ha dado varias profecías en los últimos años, que Dios decía que tendría un bebé. Nadie me ha creído, especialmente mi esposo. Durante diez años me he aferrado de esa promesa.»

«Y...», traté de ayudarla. El ruido del flujo de agua en el baño no ayudaba para nada en ese momento. Yo tenía una razón para zambullirme en el baño antes de que comenzara el servicio.

«¡Estoy embarazada! De seis semanas. Estamos en éxtasis... Bueno, yo, porque mi marido está como un *zombie*. ¡Gloria a Dios!»

Nos regocijamos y lloramos. (El agua necesita ser liberada de una u otra forma.) Alabamos a Dios por el cumplimiento de su promesa a esta hija del pacto.

Conduciendo de regreso a casa, comencé a pensar acerca de mi amiga. Por diez años había esperado por su promesa. Estaba viviendo con un esposo al que amaba profundamente, pero él no tenía ni una pista sobre cómo esa promesa, que parecía imposible, se cumpliría. Hubiera sido muy fácil para esta mujer ceder a la depresión o reprochar a su marido por no acompañarla en esto. Hasta podría haber permitido que el enemigo usara todo ese tiempo para hacerla desfallecer. Sabía que ella había estado desanimada en muchas ocasiones. ¿Qué fue, entonces, lo que la mantuvo hasta este momento? ¿Qué principio divino le dio la fortaleza para perseverar? ¿Había algún secreto en el cual ella incurrió, lo cual gatilló en Dios para que, finalmente, se moviera en su favor?

Yo clamé: «Dime, Señor; por favor, ¡dime qué necesito hacer...!» Comencé a escribir mientras Él me hablaba, diciendo: «Muchos cristianos nunca participan de las cosas que tengo para ellos *¡porque no desean esperar!*

Randi y yo estábamos excitados puesto que a cualquier lugar que fuéramos escuchábamos testimonios de profecías y promesas que ahora se estaban cumpliendo. Dios, en verdad, se está moviendo rápidamente para cumplir su palabra.

No obstante, hay muchos otros que tienen algún sueño o visión en sus corazones y estos parecen ser de imposible cumplimiento. Han tardado tanto tiempo en venir que ellos están a punto de renunciar. Para aspirar a la más alta recompensa en la vida cristiana debemos permanecer en el camino que nos lleva a través del valle de la paciencia. Muchos no persisten lo suficiente en el camino a través de ese valle, hacia su recompensa.

«Y ahora quiero que cada uno de ustedes extienda esa misma intensidad hacia la gran esperanza. Sigan en eso hasta el final. No arrastren sus pies. Sean como aquellos que mantienen el curso con una fe comprometida y, entonces, obtienen todo lo que se les ha prometido.

»Cuando Dios hizo sus promesas a Abraham, Él las llevó hasta

el fondo, poniendo su propia reputación en juego. Él dijo: "Te prometo que te bendeciré con todo lo que tengo: ¡bendición, y bendición, y bendición!" Abraham se aferró a ellas, y obtuvo todo lo que le había sido prometido.»

—Hebreos 6.12-15 (*The Message*)

Fe instantánea

Vivimos en un tiempo en que deseamos que todo sea instantáneo. En *nuestra* mentalidad moderna, cualquier signo de espera nos parece sinónimo de ineficiencia, pereza o algo aun peor. Recuerda, esta es una generación acostumbrada a tener de todo, ¡y a tenerlo ya!

¿Te has dado cuenta que podrías vivir tu vida entera «desde el automóvil»? Puedes ir con el auto a través de los restaurantes de comida rápida, bancos, lavanderías, comprar pasteles y café a través de la ventana del auto, y terminar la semana «yendo al culto del domingo» por la radio de tu automóvil.

Debo admitirlo; ese concepto me interesa. Puedo estar con mi confortable y viejo vestido de entrecasa. Tú sabes, ese confortable con la manga arrancada... ese que no puedo tirar a la basura porque me he unido a él hace como tres años atrás. Soy tan impaciente como cualquiera, y también quiero tener las cosas ya mismo. Mi peor pesadilla es tener que esperar en el auto para que me atiendan por la «ventanilla para automovilistas» de MacDonald, con cinco niños gritando dentro del vehículo. Yo también me molesto cuando me ponen en «lista de espera». ¿Y qué de los teléfonos en los que responde una computadora, y te tienen seleccionando opciones durante veinte minutos?

No es de extrañarse que cuando Dios nos introduce algún elemento de espera, nuestras mentes y cuerpos comienzan a moverse buscando «algo para hacer» mientras esperamos.

Odio estar parada en la fila. Es por eso que aborrezco comer en los restaurantes de estilo cafetería. Mi esposo ama su pescado frito comprado «al paso», por eso podemos llegar a comprometernos y cenar a las tres de la tarde en punto. Haré casi cualquier cosa con tal de evitar la tan odiada fila de espera.

La excepción es cuando veo ese mismo rasgo poco admirable. En ese momento es cuando me indigna, justamente. Después de un servicio matutino suelo pedir por alguien en la congregación que necesita una intervención milagrosa de Dios, para que pase adelante para orar. He visto a gente empujar a otros para que vayan adelante para la oración. Entonces, inmediatamente después que se ha comenzado a orar por ellos, agarran la cartera y corren hacia la puerta de salida. Por supuesto, serían forzados a esperar unos minutos más si recibieran una «palabra» — o si quisieran una copia de la grabación del sermón.

«No pasen por alto lo obvio, amigos. Con Dios, un día es como si fueran mil años, y mil años como un día. Dios no se está demorando con sus promesas, tal como algunos juzgan la tardanza.»
—2 PEDRO 3.8,9 (*The Message*).

¡La paciencia es una fuerza activa! Dios es paciente, ¡y Él no está inactivo!

La paciencia no es...

Me doy cuenta que cuando comienzas a hablar acerca de la paciencia la gente suspira y se imagina largas filas para entrar al cine o a un parque de diversiones, o que es cubierta por una telaraña mientras espera. Déjame decirte lo que la paciencia *no es*, y creo que estarás animada.

La paciencia no es actividad sin propósito. ¿Cuántos amados santos que conoces suelen decir: «Sólo estoy esperando en el Señor»? La interpretación de esta declaración es: «Él puede mover... y, otra vez, puede que no. Por lo tanto, no voy a poner muy alto mis expectativas, para no desilusionarme.»

La paciencia, ciertamente, no es negación. Sólo lo *parece* puesto que haz debido esperar por cincuenta años para que Dios salve a tu desgraciada familia. Nosotros nos damos por vencidos muy fácilmente. Mi madre acostumbraba decirme en ese tono consolador que todas las madres usan: «Cuando Dios cierra una puerta, Él siempre abre una ventana.» Ella me lo dijo cuando yo no logré entrar en el equipo de «porristas» en la escuela, cuando no tuve un papel principal en la obra de teatro, cuando fui dejada plantada por un novio, o cuando pasé por la división de una iglesia. Quería tirarme a mí misma en la cama y llorar: «¡Yo no quiero una ventana! ¡¿Por qué no abre una puerta?! ¡¿Y qué si no quepo a través de la ventana?!» Entonces ella entendía, así como ahora me sucede con mis hijos, que Dios tiene un plan; si solamente yo pudiera esperar.

No uso el viejo estereotipo de la puerta/ventana con mis hijos. Les digo: «Sí, yo sé… A veces parece que la vida apesta, y que no es justa. Desearía poder levantar mi mano y decir: "Nunca tendrás que lastimarte mientras esperas", pero, ¿sabes qué? No importa dónde estás, porque Dios sabe a dónde estás yendo, y hacia dónde, ¡es *bueno*!»

La paciencia no es timidez. No es ser un felpudo ni dejar que todo el mundo te lleve por delante para que ellos puedan avanzar. De hecho, la paciencia es fortaleza. Cualquiera que pueda ejercerla demuestra un autocontrol y seguridad que sólo los más fuertes de carácter poseen.

La paciencia no es esa actitud de hacer «rechinar los dientes mientras esperas». Aun mi dentista ha confirmado el hecho de que no es algo bueno para hacer. Además de esto, el tamborileo de los dedos sobre la mesa o el incesante zapateo que algunos llaman *paciencia* es, realmente, «impaciencia controlada».

La paciencia no es pasividad o pereza.

Paciente y persistente

Entonces, ¿qué es, exactamente, la paciencia? Debemos entenderla por lo que exactamente es, ya que sin eso ¡nunca obtendremos la promesa!

La *paciencia* significa «la capacidad de resistencia tranquila». En otras palabras, una persona paciente es alguien capaz de sobrellevar las demoras. Eso, sin duda, deja afuera de la categoría a dos tercios de nosotros.

Nos da una descripción visual de alguien que es sufrido, con falta de ansiedad; una persona que, voluntariamente, se controla a sí misma y a sus sentimientos. Esto significa perseverancia.

La *perseverancia* es «adherirse al curso de una acción, creencia o propósito sin entregarse». Es ser persistente. Y la persistencia es una firme y constante perseverancia, con empuje hacia la meta, sin transigir, ni hacerse a un costado, ni detenerse para descansar.

¡Oh, querida; discúlpame! Vuelvo enseguida. Necesito pasas de uvas cubiertas en chocolate. Estaré contigo tan rápido como termine de lamer el chocolate de mis dedos, así puedo seguir escribiendo.

La paciencia es una calma permanente que viene del entendimiento. Es cuando podemos decir: «¡Hey! ¡Relájate! ¡Dios está en control!»

Seré honesta con ustedes, mis queridas lectoras. Aquellas de ustedes que me conocen personalmente estarán de acuerdo conmigo en que a veces no tengo ni la más absoluta idea de qué estoy haciendo aquí. ¡Sorpresa...!

Amo a mis hijos; pero, porque amo a mi Señor, puedo continuar. Después de tener tiempo a solas con mi Señor, me levanto y continúo.

Cuando llegamos a estar impacientes nuestra fe comienza a oscilar. Eso es cuando comenzamos a permitir que las circunstancias nos manejen. Allí debemos ubicarnos y comenzar a frenar los impulsos. Tal vez el 90% de nuestra batalla es ser capaces de llegar hasta el final.

> «*¿Ves lo que esto significa: todos estos pioneros que hicieron arder el camino, todos estos veteranos alentándonos...? Esto significa que es mejor seguir adelante con esto. Despojémonos, comencemos a correr; ¡y nunca renunciemos!*»
> —HEBREOS 12.1 (*The Message*)

La historia cuenta de un hombre que lleva a su hijo a pescar. El padre y su hijo preparan sus cañas de pescar, y toman un balde lleno de agua, con sardinitas para usar de carnada. Después de varias horas de pescar, sin ni siquiera una picada, el niño desecha su caña, toma un vaso de plástico, y comienza a hundirlo en el balde. Sacando una sardinita, se la muestra con orgullo al padre y dice: «¡Lo agarré!» Cuando regresa a la casa, la mamá le pregunta al niño si había pescado algo: «¡Oh, sí!», contesta. «¡Sardinas en un vaso...!»

Para algunos creyentes las sardinas en un vaso son suficientemente buenas. Ellos no tienen paciencia para mantenerse firmes hasta la verdadera pesca.

Ser pacientes es esperar; esperar hasta que Dios se mueva. Y, ¿has notado que en ocasiones Dios parece no tener ningún apuro? Dios no actúa para nosotros como un mago, que con un chasquido de dedos hace que las cosas ocurran. Esperar pacientemente por una respuesta de Dios es un proceso: un maravillosos, amoroso, temeroso y difícil proceso. Aquel que va al valle de la paciencia no es la misma persona que sale de allí.

¡Aquella antigua palabra «P»...!

Los granjeros entienden lo que es la paciencia. Ponen la semilla en la tierra, la entierran, se van y la dejan. Un granjero sabe que esa semilla necesita tiempo para crecer. La impaciencia —el intento de cosechar demasiado pronto— causará que el brote muera. Sucede lo mismo con la semilla en tu corazón. (¡Y pensar que yo solía creer que todas esas frutas y verduras simplemente aparecían de la nada en los estantes del supermercado...!)

Uno de mis pasajes bíblicos favoritos, uno que me ha sostenido muchas veces, es Hebreos 10, 23,24:

> *«Sostengamos firme el puño en las promesas que nos mantienen andando. Él siempre cumple su palabra. Veamos cuán creativos podemos ser en animarnos al amor y a la ayuda.»*
>
> —(The Message)

Es imperativo tener paciencia y persistencia si tus sueños y visiones serán cumplidos. Cuando ellos son desafiados por las complejidades de la vida, solo la paciencia y la persistencia te permitirán evitar el desánimo y el enojo.

Cierta vez un pastor dijo: «La falta de paciencia siempre tiene un precio, y este precio siempre es más alto que su costo opuesto.» Desafortunadamente, la impaciencia tiene consecuencias. Más importante aun es que la falta de paciencia hace que no puedas heredar las promesas de Dios.

Aquí hay algunas características que son *señales de impaciencia*:

- *La indecisión.* Una falta de sentido de dirección; comenzar algo y luego detenerse.
- *La dilación.* Siempre planea hacer algo, pero realmente nunca comienza; no desea hacer las «pequeñas» cosas que Dios nos muestra, mientras estamos esperando para hacer «lo grande».
- *Negligencia para responder a las ideas.* Ser temerosos de que si damos un paso adelante perderemos la perfecta voluntad de Dios; elegir ignorar el gentil anuncio del Santo Espíritu, el cual puede contener el catalizador para la bendición de Dios o la salvación de alguien.
- *Falta de planificación organizada.* El caos no es el plan

del Espíritu Santo. Contrariamente a lo que algunos creen, podemos ser dirigidos por el Espíritu y aun ser organizados. Tenemos una broma familiar en nuestra casa que dice: «Cuando todo lo demás falla, lee el manual de instrucciones.» Esto surgió después de muchos años de armar juguetes en la forma equivocada en Nochebuena.

- *Transigencia.* Satanás usó al faraón, ofreciendo a Moisés transigencia tras transigencia, cuando Dios los estaba llamando a salir de Egipto. «Es casi la misma cosa.» «Sólo deja tus niños.» «Deja tu ganado aquí.» «Sal, pero no te vayas tan lejos...» Moisés esperó por su promesa. Pero Abraham dijo: «Yo quiero la promesa —completa— ¡y la quiero ahora!» Lo que tuvo fue a Ismael.
- *Soñar despierto.* Esto es lo opuesto a la fe. Tristemente esperamos y soñamos con algo mejor, pero «el mero desearlo no lo hace realidad». La fe, por el otro lado, está basada en la palabra del poderoso Dios, quien no miente.

Cómo desarrollar paciencia

Tenemos que darnos cuenta de que la paciencia no viene automáticamente. Debemos:

1.- *Alinear lo que hacemos y pensamos con la plomada divina.* (Ver Hebreos 10.35.)
2.- *Deshacernos del pecado.* El pecado impide el progreso; él apagará el fluir de la fe y la paciencia. Detiene el funcionamiento de las promesas. (Ver Romanos 6.12-18.)
3.- *Dejemos de lado cualquier peso o estorbo.* En otras palabras, descarta todo aquello en tu vida que no promueve la obediencia y la comunión con Dios. (Ver Hebreos 12.1.)

4.- *Digamos «no» al temor.* El temor causa que muchos cristianos sean impacientes. El miedo a ser criticados causa muchas dilaciones, porque se tiene temor de lo que la gente pueda decir. Quien nos critica o calumnia realmente es usado por Dios para desarrollar en nosotros un carácter más parecido al de Cristo. (Ver Job 3.20; Romanos 5.33.)

5.- *Ejercitemos nuestra voluntad.* Vez tras vez el salmista dice: «...oraré ... obedeceré ... adoraré...» Él nos muestra que a pesar de cualquier circunstancia negativa dispuesta en contra nuestra, debemos seguir su ejemplo y, por la fuerza de la voluntad, hacer lo correcto. (Ver Salmo 18.3; 39.1; 54.6; 86.12.)

6.- *Conozcamos lo que deseamos.* Nuestra primera respuesta a esto probablemente es: «Yo sé lo que quiero.» El escuchar muchas oraciones de cristianos, me ha llevado a darme cuenta de que con frecuencia oramos (y pensamos) en generalidades, tales como «Señor, ¡haz algo!» ¿Qué? Si no somos específicos en nuestra fe y en nuestras oraciones, ¿cómo sabremos cuando Él conteste? (Ver 1 Juan 5.14,15.)

7.- *Mantengámonos informados.* La fidelidad de Dios y la realidad de sus promesas son reveladas a través de su Palabra. El Espíritu Santo tendrá contenido que podrá usar en nosotros, para crear un asidero fuerte a sus promesas. (Ver Proverbios 24.3,4; Habacuc 2.2.)

8.- *Meditemos en nuestro plan.* Ningún problema puede ser resuelto sin pensar en él. Cuando traemos la presencia del Señor a nuestro pensamiento y planificamos, esto bloquea los pensamientos negativos y desanimadores traídos por el enemigo. (Ver Santiago 1.6,7.)

9.- *Permitamos que otros ayuden.* Hay sabiduría en la cantidad, y aliento en el compartir. Ayude a otros. Nada está tan putrefacto como una piscina de agua estancada. Como el Mar Muerto en Israel, donde no existe ninguna cosa viva ni crece nada a su alrededor, así es una vida envuelta en sí misma. (Ver Proverbios 11.14.)

10.- Mantengámonos firmes. El apóstol Pablo nos dio la respuesta al siguiente interrogante: «He hecho todo lo que pienso que puedo hacer, orado cada oración, creído con cada fibra de mi ser, entonces, ahora, ¿qué hago?» La respuesta es simple: «Habiendo hecho todo, estad firmes.» (Ver Efesios 6.13.)

¡Permanece firme!

Cuatro

Si te hubieras detenido y solicitado dirección, ahora estaríamos allí

¿NO DETESTAS ESAS historias que alguien comienza diciéndote, en tono muy serio: «Ahora regresemos a cuando yo tenía tu edad...»? Entonces la persona te cuenta y cuenta, como en un lamento, la historia de cuando debía ir a la escuela a treinta kilómetros de distancia, caminando por la nieve, arrastrando su camello como remolque, descalzo, bajo la tenue luz de una lámpara de querosén, solamente él y Abraham Lincoln, y bla, bla, bla... Para entonces, «desconectaste» la atención hacia esa persona porque, francamente, no te importa.

Sin embargo, pienso que si tan solo hubiéramos escuchado alguna de esas historias, habríamos evitado muchas trampas.

Soy una persona simple. Solo quiero saber qué hacer y cómo hacerlo. Si alguien meramente pudiera decirme eso, entonces podría salir *de dónde estoy*, y dirigirme *a donde Dios quiere que esté*. Eso es todo lo que necesito. En este capítulo les hablaré acerca de dónde estoy, y dónde Dios quiere que esté. (Y hasta, tal vez, les tire algunas pocas historias de «cuando era niña...») No se tapen los oídos. El Espíritu Santo está mirando.

En Números 31.1,2 leemos: «El Señor se dirigió a Moisés y le dijo: "Véngate de los madianitas en nombre de los israelitas, y después de eso morirás."» (DHH)

En referencia al tema de ver que nuestras promesas se cumplan, hay una simple historia sobre Moisés y los hijos de Israel. Los israelitas ciertamente serán ejemplo de por vida para cada cristiano de cuán estúpidos podemos ser a veces. Dios les había dado una promesa, diciéndole: «vosotros pasaréis y poseeréis la buena tierra.»

Cuarenta años de vagar

En tu primera clase de escuela dominical se te dijo que pasaron cuarenta años antes de que los israelitas cruzaran el río Jordán hacia la tierra prometida; doce espías fueron enviados allá y, en lugar de regresar y hablar de las riquezas de la tierra, todos —excepto dos de ellos— hablaron y hablaron sobre las muchas *imposibilidades* de poseer la tierra. A causa del descreimiento del pueblo, desagradaron a Dios, por lo que les envió un juicio inmediato. Él les dijo que la generación incrédula moriría en el desierto. Un viaje que debiera haber tomado un año se extendió a cuarenta, y Dios pudo llevar la próxima generación a esa tierra una vez que sus incrédulos padres hubieran muerto.

No puedo pensar en un juicio más horrible que tener que esperar por mucho tiempo por algo que pudiera haber tenido en poco tiempo. Hay principios, carteles y señales en la Palabra que el Espíritu del Señor nos ha dado. Si pusiéramos atención y escucháramos, podríamos acortar nuestro tiempo en el desierto.

Cuarenta años han pasado, y finalmente es la próxima generación. Moisés estaba listo para llevar a los hijos de Israel a través del Jordán y liberarlos en la tierra de su destino. Sin embargo, antes de morir el Señor le dijo que aun debía pelear una gran batalla. El Señor instruyó a los israelitas a tomar venganza propia sobre los madianitas. Nosotros tenemos una gran visión y promesa que Dios nos ha dado en forma particular. Contenida en esa promesa hay muchas pequeñas batallas que debemos pelear, a fin de poseer el gran sueño. Esa fue la última batalla en la vida de Moisés. Siendo que Dios pudiera pedirnos, en la sociedad actual, que peleemos esta última batalla antes de que Él nos lleve a casa, alguno de nosotros podría exclamar: «¡Pero, Dios! *¿por qué debo hacerlo?* ¡Estoy muy viejo! No hay nada en esto para mí.» Pero Moisés sabía que si permanecía con los demás nos ayudaría a pasar a través de nuestras propias Tierras Prometidas; un verdadero Dios está revelándose a sus hijos aun hoy en día.

Al leer el capítulo 31 encontrarás que la batalla contra los madianitas fue muy sangrienta. Fue una pelea dura. Los hijos de Israel cometieron muchos errores. Trajeron de regreso a Moisés mucho botín, incluyendo a algunos de los madianitas. Las instrucciones de Dios acerca del trato con ellos había sido tanto específica como cruel.

Moisés y Eleazar, el sacerdote, dijeron a los hombres de Israel que no debían dejar vivir a las mujeres no vírgenes. Se les encomendó matar a las mujeres. Luego se les encomendó matar a los niños varones.

Sé que probablemente estés pensando: «*Cathy, ¿cuál es el punto que estás queriendo mostrar?*» Estoy enfatizando el hecho de que fue una batalla larga y sangrienta. Luego, posteriormente a la batalla, de acuerdo a la ley levítica, los hijos de Israel debían purificarse y santificarse a sí mismos. También se les requirió que ofrecieran sacrificios.

Para resumir, ellos pelearon una batalla, hubo mucha muerte, tomaron las riquezas, y después hubo grandes sacrificios. Y por *sacrificios* no quiero decir simplemente escribir un par de cheques. Los sacrificios judíos antiguos eran un proceso verdaderamente integral.

¡La Tierra Prometida justo adelante!

Finalmente había terminado. Los sacrificios habían sido hechos; las ofrendas habían sido entregadas. Leemos en Números 32.1: «Las tribus de Rubén y Gad tenían muchísimo ganado. Cuando vieron que los territorios de Jazer y de Galaad [al lado este del río Jordán] eran muy buenos para la cría de ganado.» (DHH)

¿De dónde habían sacado todo el ganado? Rubén y Gad lo habían tomado como botín de guerra. En otras palabras, fueron bendecidos y caminaron en las bendiciones de Dios. Estaban del lado este del Jordán, y vieron que las tierras que recién habían conquistado —las de Galaad y Jazer— eran apropiadas para la ganadería. Entonces se les ocurrió una maravillosa idea. Los hijos de Rubén y Gad fueron a Moisés y le dijeron «todas estas tierras que acabamos de tomar de los madianitas son buenas para el ganado, ¡y no vas a creer esto, Moisés: *tenemos ganado.*» ¿Alcanza a ver a dónde estaba llevando esto? Se acercaron a Moisés y dijeron: «Si encontramos favor en tus ojos, permite que estas tierras sean dadas a tus siervos en posesión, y *no nos hagas cruzar el Jordán.*»

He compartido en capítulos anteriores sobre la diferencia entre el vivir en lo posible y el hacerlo en el reino de lo imposible. Para los hijos de Israel, el lado este del Jordán era lo posible. Estaban en el este y querían permanecer allí. ¿Por qué? Porque la habían conquistado. Ya estaba hecho. Tenían ganado, y entonces apelaron a Moisés para que les permitiera quedarse donde estaban.

A fin de apreciar completamente la lección y recibir el recordatorio que Dios quiere darnos —el cual nos salvará de muchos dolores de cabeza, y nos guiará hacia nuestra promesa más rápido— echemos una mirada más cercana a las tribus de Rubén y Gad.

Los muchachos de Jacob

Antes de su muerte, Jacob le habló a Rubén, su hijo mayor, y le dijo que él no tendría la prominencia. Rubén ya había perdido su honra como primogénito por haberse acostado con una de las concubinas de su padre. Él había querido tomar un atajo para la bendición y recibir anticipadamente lo que habría recibido si hubiera tenido paciencia. Al decirle Jacob a Rubén que no sobresaldría sobre sus hermanos, le estaba dando a entender que él no tenía un espíritu de excelencia. Por tanto, los rubenitas fueron distinguidos por su falta de excelencia. La tribu de Gad representaba a aquellos que siempre se arreglaban con menos. Ellos alcanzaron un nivel bajo en la gloria de Dios. Tenían un espíritu independiente. Eran nómades y vagabundos.

Por lo tanto, tenemos a Rubén, quien no tenía un espíritu de excelencia, y a Gad, un independiente y vagabundo. Ellos vinieron a Moisés y le dijeron: «Queremos permanecer en el costado este del Jordán.»

El problema estaba con lo que Dios había dicho: «Los quiero en el costado *oeste*.» El lado oeste era la Tierra Prometida.

Sé que hubo tiempos en mi vida en que las batallas fueron fieras y duras. Ya teniendo una parte de la bendición, me hubiera sentido contenta con permanecer en Galaad, pero Dios me quería en Jericó. *Jericó* significa «mi dulce lugar en la vida».

Rubén y Gad le dijeron a Moisés y a los sacerdotes: «Si hemos encontrado favor en vuestros ojos...» Manotearon la religión, la falsa humildad, y llegaron vestidos en eso. Casi que puedo escuchar el quejido de sus voces: «Si hemos encontrado favor en vuestros ojos...»

Este es un nuevo día, amada. Una nueva generación. Rubén y Gad eran de la nueva generación, pero dijeron que no querían seguir adelante. Deseaban permanecer allí donde estaban. Tenían pruebas de que Dios estaba con ellos porque tenían la bendición. Querían quedarse allí y asentarse, e insistieron: «No nos *hagas ir* del otro lado del Jordán.»

«¡Entremos...!»

El Espíritu Santo me habló sobre esta porción de las Escrituras y me dijo: «Cathy, te mostraré tres razones, tres ataques del enemigo destinados a impedir que mi pueblo obtenga lo mejor de la tierra y lo mejor de lo que tengo para darles.»

Algo que nunca fui capaz de entender fue por qué hay algunas personas que parecen no querer lo mejor de Dios. Mi actitud es: *ni siquiera me molestaré en ponerme mis medias e ir a la iglesia si no ocurrirá algo grande o asombroso.*

Cuando era niña cantábamos algunas de las más horribles y depresivas canciones: «Sólo dame una pequeña choza en un rincón de la tierra gloriosa.» ¿Quién quiere vivir en una choza?

Otra era: «Sólo construye mi mansión de descanso al lado de la de Jesús.» ¡Eso no es suficiente para mí! Quiero que mi mansión esté ubicada en Jacksonville, Florida. Cuando llegue al Cielo, no me sentaré en una mecedora, con un control remoto en la mano. Dios me está preparando para que gobierne y reine. Él te está preparando a ti también.

No obstante, siempre están aquellos que parecen estar contentos en el lugar donde se hallan, sin que la promesa nunca se cumpla. Rubén y Gad estaban contentos sin el cumplimiento de la promesa.

Muchos no quieren pagar el precio para tener lo mejor de Dios. Están contentos con lo que tienen. Están satisfechos con lo posible. Rubén y Gad estaban contentos con lo posible; con acampar en el lado este en lugar de cruzar hacia la promesa de Dios.

¿Cansancio? ¡Véncelo!

¿Cuál fue el primer principio que impidió que Rubén y Gad tuvieran lo mejor de Dios? Ellos habían venido a través del desierto, habían peleado una batalla sangrienta, se habían purificado a sí mismos de la muerte, y habían hecho grandes sacrificios. Habían obtenido mucho ganado como botín, por todos esos esfuerzos.

El primer principio es que Rubén y Gad estaban *muy cansados*. A cualquier lado donde voy escucho la misma cosa: «¡Estoy cansada! ¡Estoy cansada!» Cariño, *todo el mundo que conozco está cansado*. Todos están fatigados. Cuando le pregunté al evangelista Esteban Hill cómo lidian con el avivamiento en Brownsville, Florida, veinticuatro horas al día, tres servicios diarios, siete días a la semana, él contestó: «El cansancio ya no es un problema para mí; me he acostumbrado a estar cansado.»

Amiga mía, *el cansancio te impedirá obtener lo mejor de Dios*.

Me encontraba en la habitación de un hotel, en un receso entre dos servicios de una conferencia en la cual era la predicadora. Mientras estaba despejándome, buscando algo que me animara en televisión, pasé por un programa con gente que cantaba canciones celestiales... canciones de muerte. Mientras las cámaras mostraban la congregación, había algunas mujeres que sacaban pañuelos que tenían amarrados en las correas de sus relojes, y se secaban los ojos mientras lloraban y cantaban. Cuanto más las escuchaba, más me frustraba. Cuanto más me frustraba, más daba vueltas por la habitación, preocupada.

En desesperación, grité: «Dios, ¿por qué esa gente no está ya muerta? ¡Han estado cantando y profetizando canciones de muerte por cuarenta años...!»

Mi preciosa madre estaba sentada en la cama en el cuarto del hotel, con sus ojos con lágrimas también. Ella dijo: «Querida, no te burles de ellos. ¡Esas canciones realmente bendicen mi alma!»

Hay gente que vive para el Cielo, pero no para el destino. Por eso, ¡sacude el cansancio! ¡Pásale por encima! De otra forma, el enemigo usará el cansancio para retenerte en el lado este.

Este plan de Rubén y Gad no iba con Moisés. Él no podía creer lo que escuchaba. Moisés sabía que los hermanos tendrían serios problemas con Dios si no ayudaban a las otras diez tribus a completar la visión. Sabía que esta consistía en tomar las doce tribus, hacerlas cruzar el Jordán y conquistar la tierra.

Puedo imaginar a Moisés con sus manos a la cintura, gritándoles a Rubén y Gad, diciendo: «¿Pueden, acaso, sus hermanos ir a la guerra mientras ustedes se quedan aquí, en la seguridad de su bendición?» Estoy segura que lanzó una diatriba contra las tribus de Rubén y Gad. Seguramente debe haber dicho: «Miren, esta película ya la vi, ¡pero no otra vez! Ya soporté esto una vez; no lo soportaré otra.»

En Números 32.14,15 Moisés concluyó diciéndole a los hermanos: «Y he aquí, vosotros habéis sucedido en lugar de vuestros padres, prole de hombres pecadores, para añadir aun a la ira de Jehová contra Israel. Si os volviereis de en pos de él, él volverá otra vez a dejaros en el desierto, y destruiréis a todo este pueblo.»

El peor pecado de Rubén y Gad fue que estaban haciendo decisiones que no sólo influían en ellos mismos. Su decisión egoísta tendría también su impacto en los demás también. Moisés dijo: Si ustedes no vienen con el resto de nosotros, serán culpables por la destrucción de toda esa otra gente.»

¿Cuántas veces hemos visto a Rubén y Gad en nuestras propias iglesias? Su pecado mayor es que ellos no desean unirse al programa. Comienzan a sembrar su ponsoña en los demás contra el liderazgo. Para justificar su incredulidad o pereza desaniman a otros en la iglesia o en la familia,

Si te hubieras detenido y solicitado dirección...

o hasta en una situación de trabajo, buscando arreglarse con menos en lugar de continuar hacia lo mejor. Rubén y Gad pidieron un momento de receso. Después de hablar entre ellos, retornaron a Moisés y le dijeron: «Bien, haremos esto. Iremos del otro lado y ayudaremos a nuestros hermanos a establecerse en la tierra. Sin embargo, queremos construir corrales y casas en el lado este para nuestros niños y dejarlos de este lado. Luego cruzaremos contigo. Hemos decidido que nuestra herencia nos ha tocado del lado este del Jordán.»

Esta fue la declaración más triste que ellos pudieran haber hecho. En un momento ellos hicieron una elección que les robaría un destino eterno para los hijos de sus hijos. Con esta declaración eligieron no tener la bendición de Dios para sus hijos y nietos. Esta es la parte donde les he dicho que a ustedes les fue prohibido cubrir sus ojos y oídos. Creciendo en una casa de predicador, no teníamos conferencias de dos o tres días, sino dos o tres semanas de avivamiento. Mi padre nunca nos preguntó si nos gustaría ir a la iglesia el domingo. Mi madre nunca nos rogó. Papá decía: «Este autobús sale a las nueve. Asegúrense de estar en el auto a tiempo.»

Ahora veo padres y madres que vienen pidiendo oración por sus hijos. Les pregunto dónde están los niños, así puedo orar por ellos. Me contestan: «No puedo hacer que ellos vengan. No puedo forzarlos a venir, para que no se pongan mal conmigo. ¡No quiero que ellos terminen odiando la iglesia!» En esos caso, pregunto: «¿Qué es lo que hace usted el lunes, a la hora de ir a la escuela?» Ellos me miran fijamente, pensando que provengo de Marte, y contestan: «Bueno, por supuesto, ellos *tienen que ir a la escuela*. Es la ley.»

Mi corazón se rompe, porque me doy cuenta que estos padres, sin darse cuenta, han construido un corral para sus hijos en el lado este del Jordán. Esas mismas madres estarán en la plataforma pidiendo oración por sus hijos,

63

porque no saben qué hacer con ellos cuando se rebelan. Su hijo se pondrá mal de cualquier forma. *¡Déjelo estar mal en la iglesia!*

¿Te sientes atado a algo? ¡No lo estés!

La segunda cosa que el Señor me mostró que nos impide obtener lo mejor de Él, son las ataduras.

Recuerde, Rubén y Gad le dijeron a Moisés que irían del otro lado del Jordán, pero que debían *dejar sus niños atrás*, del lado este. En conferencias especiales y servicios de días de semana les he preguntado a los padres dónde estaban sus hijos. «¡Oh, van a una escuela cristiana y tienen mucha tarea!» Mis padres nunca nos permitieron traer toda nuestra tarea y desparramarla en el piso de la iglesia, junto con pequeños juguetes y libros para colorear. Aquellos eran los días anteriores a las actuales «iglesias de los niños». Gracias a Dios, ahora tenemos reuniones especialmente diseñados para nuestra gente joven. La actitud de mis padres era: «Vamos a cruzar; *y ustedes vendrán con nosotros.*»

Mi madre nos sentaba cada uno a un costado de ella, y si no escuchábamos podía deslizar su mano bajo la parte más gorda de los muslos, donde nadie podía verla, y pellizcarnos hasta que las lágrimas asomaban por nuestros ojos. Íbamos *a permanecer* sentados en la iglesia. (Todavía me pregunto si es muy tarde para reportarla a las autoridades, ¡por abuso infantil!)

Aquellos eran los días en que tú no hospedabas a un predicador en un hotel. En aquel entonces debe haber habido solamente unos cinco hoteles en todo los Estados Unidos, ¡y fueron todos Howard Johnson!* El evangelista debía quedar en la casa del pastor. Y como yo era la única hija, debía dar mi cuarto.

---

* Una de las cadenas de hoteles más antiguas en EE.UU.

Ni una sola vez escuché a mi madre decir: «¡Oh, Cathy, querida! Espero que esto no te de una disfunción síquica, y que no cause años de terapia de salud interior en tu vida, pero realmente necesitamos usar tu cuarto.» No, mi madre me decía: «Cuando regreses de la escuela cambia las sábanas de tu cama. El evangelista se quedará aquí. Él estará durmiendo en tu cama. Tú lo harás en el sofá.» Eso no me dio una disfunción, sino que me enseñó el sacrificio y el honrar el don de Dios. El testimonio de mis padres en aquellos días nos ha llevado a nosotros, sus hijos y nietos, a caminar con Dios. Tenemos esposos que caminan con Dios, ¡y aun nuestras mascotas lo hacen! (Estoy segura de haber visto a mi perro caniche desfallecer en el espíritu anoche.)

No te comprometas. No construyas un corral en el lado este para tus hijos, de manera que ellos queden atrás.

¿Demasiado ocupada? ¡Yo también!

La tercera cosa que el Espíritu me dijo que me impediría tener lo mejor es *el estar ocupado*. Nosotros estamos demasiado ocupados.

Nunca estamos tan ocupados, haciendo demasiadas cosas. Sé lo que es estar ocupada. Créeme, entiendo sobre eso. Como padres, nos aseguramos que nuestros hijos no pierdan la práctica de fútbol, las reuniones de los *boys scouts*, niñas acampantes, clases de karate, ballet, clases de etiqueta sobre cómo limpiarse la nariz en la escuela, etc. Aun así, las cosas del Espíritu de Dios son más importantes. Todas esas otras cosas no son erróneas; no son pecaminosas, solamente que no pueden ser la prioridad número uno.

Deseo lo mejor para mis hijos. Sé que tú también. Nunca escuché a una mujer embarazada decir: «Tú sabes, no espero gran cosa de mi hijo. Mientras tenga nueve de los diez dedos de los pies, y un coeficiente intelectual de

unos pocos punto más que un imbécil, no me importa.»
¡No! Quiero que mi hijo sea el ganador del Premio Nobel. Quiero que mi hija sea la estrella en la clase de teatro de la escuela. Quiero que mi hijo sirva en la casa de Dios. Quiero que ellos tengan lo mejor.

Así es como Dios se siente acerca de ti y de mí. Es por eso que el Señor sacó a sus hijos de Egipto hacia la Tierra Prometida. Él quería lo mejor para ellos.

¿Qué le pasó a Rubén y Gad? Perdieron su tierra.

¿Haz estado alguna vez en Israel? El lado este del Jordán no es más que desierto, y sólo sirve a los nómades. En el lado oeste del río el exuberante paisaje produce frutas, flores y vegetales, y ha sido establecido como herencia eterna para el pueblo de Dios. Así es hoy en día.

En el lado este es fácil acampar, pero no es donde perteneces. En el oeste puede ser un poco más difícil cultivar, pero es allí donde fluyen la leche y la miel.

¿Cuál será? ¿El lado este o el oeste? ¿Lo posible o lo imposible? ¿Qué lado del Jordán es para ti?

¡Levántense, oh, santos de Dios! ¡Vale la pena! ¡Levanten armas! ¡Vamos!

Cinco

¡Ea...! ¡Alguien se olvidó de hablarme sobre el desierto!

ME ENCONTRABA BUSCANDO frenéticamente en el cajón de mi mesa de luz un papel y un lápiz. Quería escribir el número telefónico para averiguar sobre la nueva máquina para hacer gimnasia y adelgazar. ¡Debía conseguirla! Parecía muy fácil. Ese programa comercial de dos horas me convenció de que por sólo cuatro pagos de $ 39.95, más $ 299.95 de envío, yo podría, finalmente, lucir como la mujer que hacía las demostraciones en este glorioso equipo. Por supuesto, ella era 30 cm. más alta que yo, nunca transpiró y nunca hizo más de cinco repeticiones a la vez, lo cual debiera haber sido una buena pista.

Soy una adicta a esos programas. Pienso que la gente los escribe sentados en una habitación, con mi foto delante de ellos, pensando cosas y chillando histéricamente en referencia al *próximo* inútil aparato que intentarán venderme.

Llegó en una caja que nadie quería levantar. Mis hijos lo aman. Se cuelgan cabeza abajo de las barras, y tratan de levantar al que acaba de caer debajo del gran pedal.

Como beneficio, mi esposo también disfruta de la máquina. Él cuelga allí su chaqueta después de predicar. Un día este aparato fue un gran salvavidas para mí... un enviado del cielo. Cuando necesitaba baterías para mi pequeño *walkman*, me acordé que había puesto dos en ese equipo. ¡Y listo! Tuve mi respuesta.

Sigo con la máquina. Pero no me parezco a la modelo de la televisión. Finalmente —y con tristeza— me he resignado al hecho de que nunca seré elegida para la tapa en traje de baño de la revista *Sport Illustrated*, ni aun *si fuera* más alta. Sin embargo, hay algo en mí que todavía me lleva a dejar de lado mi escepticismo para encontrar un atajo hacia el último grito de la moda para obtener un mejor cuerpo. Escribo esto mientras estoy frente al aparato, comiendo pasas de uvas cubiertas de chocolate.

El poder para cambiar

Me alegré mucho cuando Dios comenzó a liberar revelación en la palabra de fe y en el poder de la Palabra de Dios a través de nuestras bocas: el poder de la confesión positiva, la habilidad de cambiar las cosas en el Espíritu, y hacer cumplir las promesas con una agresiva guerra espiritual. Sin embargo, lo que no escucho —si es que en verdad me ha sido dicho— es que después de la promesa hay un tiempo de espera a través del cual debo caminar, si aspiro a obtener lo mejor de Dios.

El año pasado el Señor depositó una semilla de fe en mi corazón para creerle acerca de una casa más grande. Randi y yo estábamos viviendo en una amorosa casita que rentábamos, con opción a comprarla, pero que aún no habíamos terminado de pagar. Con nuestros seis hijos, ya nos quedaba demasiado pequeña. Cuando intentamos ampliar la casa, los constructores nos dijeron que los cimientos no aguantarían otro piso arriba, y que por las leyes comunitarias del barrio no nos era permitido construir nada para atrás. Pensé que se debía a que eso bloquearía la visión de uno de nuestros vecinos para poder ver la ardilla medio muerta, parada arriba de un roble medio muerto.

A través de esta gran revelación que Dios me dio —la revelación de que si teníamos más niños que los cuartos necesarios, entonces necesitaríamos una casa más grande— Dios puso el deseo y la fe en mi corazón a fin de comenzar a buscar una casa con más espacio.

Comencé a mirar en el periódico, y lo que encontré fue que no podíamos ni acercarnos a la posibilidad de comprar lo que necesitábamos. En uno de los avisos publicitario que llamé no se me dijo gran cosa acerca de la casa. La dueña dijo: «Usted realmente debe venir para apreciarla...» Me tendría que haber imaginado...

Llegamos a una vecindad donde, francamente, no creo que podríamos ni siquiera rentar la casilla del guarda de seguridad en la entrada. Siguiendo las direcciones, llegamos a una casa preciosa. Una mujer respondió a nuestro llamado y nos invitó a pasar. Mi boca quedó, literalmente, abierta. Era la casa más hermosa y espaciosa que jamás había visto.

A medida que ella comenzó a mostrarnos la casa, yo sabía que no me la venderían. Estuve convencida. De todas formas, mi esposo me advirtió: «¡No digas nada! No hables. ¡Mantén tu boca cerrada!» Él sabía que no era yo precisamente la buena negociadora de la familia. Yo podría firmar todo en un pestañear de ojos, tal como lo hice con aquella máquina para adelgazar y hacer gimnasia.

La dueña nos llevó a la sala y al comedor, exactamente igual a uno que me había imaginado, viendo a mis niños sentados alrededor de la mesa, vestidos en la mejor ropa de Gloria Vanderbilt y Pierre Cardin. Fuimos por la sala de estar y luego a los dormitorios.

Ella dijo: «No sé si ustedes tienen niños pequeños, pero este cuarto ya está decorado para muchachos.» Estaba hecho con temas deportivos, perfecto para un cuarto de varones. ¡Y tenía su propio baño!

Luego fuimos a un adorable cuarto ya arreglado para una niña pequeña, con muñecas en las paredes y todo. También tenía un baño separado, incluyendo un bidet (algo que mis muchachos aman para usar como bebedero, y si tú no sabes qué es un bidet, ¡entonces no estás aún en la modernidad!)

En la parte de arriba la mujer nos mostró lo que ella había hecho construir como cuarto extra, o cuarto de juegos para los niños, con su propio dormitorio al costado, y un baño, por las dudas. Por supuesto, era perfecto para nosotros, ¡porque la secretaria vive en casa!

A esta altura las lágrimas caían sobre mis mejillas. Randi me dijo: «Ahora, querida, justamente por lo que las circunstancias aparentan, no significa que Dios desea que compremos esta casa.»

Yo dije: «Entiendo el principio que estás queriendo señalar, pero ¿no podría ser, al menos sólo *esta vez*, la voluntad de Dios?»

«¿Cuánto cuesta la casa?»

Después de ver la casa, preguntamos por el precio de venta. Cuando la dueña nos dijo, mi corazón se hundió —la cantidad era mucho más allá de lo que yo me había imaginado—; no tenía fe para tanto. Comencé a desear nunca haber ido a verla.

Pero la promesa tiene la habilidad para hacerlo por ti. Dios lanza un desafío para hacer *algo verdaderamente dificultoso*. Ese es el primer paso en el proceso de Dios de traerte hacia lo mejor de Él. Aquello por lo cual Él te ha desafiado a creerle es mucho más grande que tú. En efecto, es más grande de lo que puedes comprender. Verás esto vez tras vez en este libro: si tu promesa no es lo suficientemente grande como para asustarte, entonces no es de Dios. Lo que Dios nos da siempre es más grande, pero entonces lo precede el desafío de la fe.

¡Ea...! ¡Alguien se olvidó de hablarme sobre el desierto!

El desafío que Dios nos da llama inmediatamente al temor. ¿Por qué? Porque hay cosas negativas y positivas dando vuelta en nuestro interior. Nuestros corazones comienzan a guerrear en nuestro interior; lo que sucede es que el Señor nos da promesas en relación al desafío. Él puede enviar un profeta o darnos un versículo bíblico del cual aferrarnos. Nuestros corazones saltarán dentro nuestro y tendremos una mayor visión.

Mientras estaba saliendo de esa preciosa casa aquel día, el Espíritu del Señor me habló y me dijo: «Si quieres esa casa, te la daré.» Compartí esto con mi esposo, oramos, y nos pusimos de acuerdo en que, si realmente era de Dios, y verdaderamente lo habíamos escuchado de Él, nos daría esa casa.

Eligiendo ahora ese día...

El próximo paso en el proceso de Dios para darte lo mejor de Él es, simplemente: «¡Elige!» Haz escuchado el desafío del Señor y has visto las cosas tal como son en el mundo natural, y ahora debes elegir.

¿Le creerás a Dios, o dudarás de Él? ¿Entrar en la fe o permanecer atrapado en el temor? ¿Obedecerlo o desobedecerlo? La decisión es simple; mantén las cosas justo de la forma que están y tendrás lo que siempre has tenido, o da un paso de fe y tendrás lo que nunca has tenido, aunque siempre has deseado y soñado tener.

Nosotros escogimos. Randi y yo dimos el paso de fe y hablamos con el dueño de la casa donde estábamos viviendo, acerca del tiempo en que nos mudaríamos. Simultáneamente, Randi comenzó la negociación para comprar la nueva casa.

Querida lectora, quiero darte un principio que perdí en alguna parte del camino. Siempre pensé que si creías en Dios, orabas, plantabas alguna semilla y hacías la confesión correcta, ¡BUUUM!, tendrías cualquier cosa que

71

declararas. ¡Me gustaría encontrar a la persona que me enseñó eso, tocar el timbre de su puerta y salir corriendo! Hacer la decisión correcta te lleva al tercer paso del plan de Dios para tener lo mejor de Él: ¡*UNA CRISIS!* No, este no es un estereotipo. Y no estoy haciendo una declaración negativa. La crisis en sí es un principio en Dios. Las decisiones que tomamos para hacer lo correcto y obtener lo mejor de la voluntad de Dios, por un corto tiempo nos llevan hacia la crisis. Permíteme ilustrarlo.

Cuando le dijimos al dueño de la casa en que estábamos viviendo que planeábamos mudarnos, él nos respondió de la forma más amable, diciéndonos que, probablemente, nos demandaría judicialmente. Ningún razonamiento lo haría cambiar de opinión. Le explicamos que la casa era demasiado pequeña para nuestra familia, y que no podía ser ampliada. La ampliación de la casa había sido parte del contrato original. *¡Qué lástima!*, fue su sentimiento. Para abreviar todo esto, fuimos notificados de que deberíamos pagar todas las cuotas pendientes hasta que se terminara el contrato, o hasta que el dueño la pudiera vender a otro.

Sabiendo que esa mudanza era ya una realidad, seguimos adelante. Las negociaciones para la nueva casa habían ido muy bien; fue así hasta que nos dimos con un obstáculo. La conversación fue algo como esto:

LOS DUEÑOS: «Necesitamos un cheque por «quichicientos» mil dólares como pago inicial.»

RANDI (dudando): «De acuerdo. ¿Y qué acerca de *no hacer* pago inicial?»

LOS DUEÑOS: «Bien, que sean cinco mil menos.»

RANDI: «¡Ummm...! Digamos, *nada*.

Esto fue así por un mes, hasta que los dueños se dieron cuenta de que no teníamos esa cantidad de dinero para comprar la casa. Entonces volvieron a poner la casa en venta.

Mientras tanto, la casa en la que estábamos viviendo estaba ya en el proceso de ser puesta en el mercado para la venta, y el dueño nos dijo, obviamente en la mejor forma posible, que nos quería ¡AFUERA!

¡Hablemos sobre las crisis! La primera parte de una crisis es que tu elección comienza a partirte en dos. Tienes una forma ya establecida de hacer las cosas, y no te sientes cómoda haciéndola de otra forma. Ahora se te requiere que cambies.

La segunda parte de la crisis viene porque no vivimos solas en una isla. Por lo tanto, cuando comenzamos a hacer decisiones que afectan a quienes nos rodean, nuestra crisis llega a ser no solo nuestra sino de alguien más. Por otra parte, pasamos de la crisis al *caos*.

Muy ruidosamente, le había dicho a todo el mundo que Dios nos estaba dando una hermosa casa, realizando un milagro, bla, bla, bla... Ahora, aquí estaba yo, sentada en el medio de una casa que era muy pequeña, llena de lado a lado con nuestras cajas, con un propietario airado cayendo sobre nosotros, presionándonos a mudarnos, y sin un lugar adonde ir.

¡Cuántas veces nos escapamos de hacer decisiones fuertes porque avisoramos la crisis que esa decisión traerá...! Muchos pueden clamar: «¡Oh, no; no quiero otro problema...! Mi plato está muy lleno.» Entonces dicen «no» a aquello que Dios quiere usar para sacarlos del ciclo de desesperanza y llevarlos al cumplimiento de la promesa.

Una casa por «gracia y favor»

En medio de todo esto, recibí por el correo mi revista *Majesty*. No, no es una publicación de Bill y Gloria Gaither. Viene de Inglaterra. Es una publicación que cuenta las últimas novedades de la familia real británica. Me suscribí a ella en función del improbable caso de que alguna vez fuera llamada a profetizar, digamos... a la reina Elizabeth.

La revista en cuestión presentaba un artículo acerca de

un australiano quien había sido empleado por el Palacio de Buckingham como parte de su equipo de prensa. Él se distinguía tanto entre sus pares que cuando el palacio anunció la separación de los duques de Windsor, la reina inmediatamente lo asignó como representante de prensa de Sarah Ferguson. Puesto que había manejado esto en forma honorable en favor de la reina, ella le dio una segunda promoción.

Cuando el palacio anunció la separación del príncipe Carlos y la princesa de Gales, la reina puso a este australiano como jefe del equipo de prensa de Diana. Después de que Diana brindara una entrevista autorizada ante la BBC, el representante de la prensa renunció inmediatamente, por respeto a su reina.

Aquí es donde el artículo se puso realmente excitante, en mi opinión. Cuando la reina vio su lealtad a ella, inmediatamente lo promovió como cabeza de prensa de todo el Palacio de Buckingham. El autor escribe: «El australiano es un muy devoto cristiano, nacido de nuevo.» Más adelante, declaró que como parte de esa promoción la reina le había concedido «de gracia y favor» el palacio de Saint James como casa.

Cuando terminé de leer este artículo el Espíritu Santo me habló y me dijo: «Cathy, a causa de la lealtad y devoción tuya y de Randi al Soberano, les estoy dando *a ustedes* una casa "por gracia y favor".»

Repentinamente, todo estaba claro. El australiano había recibido una casa que no podía comprar, en un vecindario al que tampoco podía aspirar, como parte del favor y la gracia de su soberana. El Señor ahora nos estaba dando una casa que no podíamos costear, en un vecindario al que no podíamos aspirar, ¡como parte de su gracia y favor!

Ese día lo supe. Al día siguiente debía partir para una conferencia en Bangor, estado de Maine. También fue el día que mi esposo sintió que debía ir a negociar una vez más por la nueva casa. Antes de irme, estuvimos de acuerdo que Dios trabajaría por nosotros. Decidimos que no perderíamos nuestra victoria, gozo o testimonio por algo tan temporal como un edificio. Sin embargo, si esa era la bendición que Dios tenía para nosotros, entonces presionaríamos hasta recibir una respuesta.

«¡Nos estamos mudando!»

Sentada en la oficina del pastor Ron Durham, después de un maravilloso servicio en Bangor, él, bromeando, me preguntó qué iba a hacer la próxima semana. «Me estoy mudando, pastor Ron». «¡Oh, ¿realmente? ¿Adónde?» «Todavía no lo sé.»

Le conté toda la historia, sabiendo que él y su esposa Lynne podrían comprenderlo y estarían en oración con nosotros. Entonces me preguntó si yo estaba molesta y preocupada. Mi respuesta fue: «No, porque he estado en esta situación espiritual antes.»

Hay una cosa que la crisis y el caos nos han enseñado. ¡Y es que *Dios siempre tiene un plan!* Puede ser que no seamos capaces de verlo porque es más grande que nuestro plan. Puede estar escondido, puede ser mejor, o estar en otra ciudad o iglesia. ¡Pero Dios es Dios, y nosotros no!

Randi me llamó esa noche muy entusiasmado. Se había encontrado una vez más con los dueños. Habían hablado sobre el asunto y decidieron aceptar cualquier pago inicial que le pudiéramos ofrecer. ¡Entonces le dieron las llaves de la casa!

Nos mudamos al día siguiente. La casa en la que habíamos estado viviendo se vendió casi inmediatamente, abreviando así el pleito y una larga y estirada prueba. ¡MARAVILLOSO!

La mente es el primer campo de batalla. ¿Cómo te cuidas de no perderla en el medio de la batalla? Hay dos secretos que nos ayudarán a venir a la presencia de Dios.

Déjame compartir dos secretos...

Primero, permanece en comunión con Dios. La tentación en la crisis es enfocarse en el problema, en la gente y en una solución. Nuestra carne quiere *hacer* algo —cualquier cosa— a fin de acercar lo más rápido posible una solución. En muchas ocasiones la forma de Dios no es la manera más expeditiva. Mientras permanezcamos en comunión y compañerismo con nuestro Dios, Él nos guardará en perfecta paz.

El otro secreto es *comunicar*. Por supuesto, cuando estoy pasando una crisis mi tendencia es callarme y sacarla del medio, ya que no deseo *molestar* a nadie con mi problema. ¡NO! Verdaderamente, mi tendencia es gritar ruidosamente, llamando a cada programa de intercesión y ministerio de televisión que hay sobre la faz de la tierra, y perturbar a mis amigos con mis problemas, al punto de llegar a ser ofensiva. (Tengo mis sospechas de que el servicio de «identificación de llamada» que ofrece la compañía de teléfono fue inventado para cuando yo atravieso una crisis.)

Hay tiempos en que tomo a mi pastor por las solapas y le digo: «¡Ore por mí, sosténgame en oración! Estoy pasando un tiempo muy duro, y lo necesito —necesito a todo el Cuerpo de Cristo— orando por mí, dándome chocolate, palmeándome en la cabeza y diciéndome que todo lo que sucede es para bien.»

Comunícate con tu familia; aun con aquellos que no son salvos. Hay un ejemplo de una conversación que puedes mantener con tu amado cuando estás experimentando una crisis:

Tú (HELGA): «Oh Dios; oh Dios... ¡Ayúdame...!»

TU AMADO (OLAFO): «¿Qué está pasando contigo, Helga?»

Tú (HELGA): «No sé... serán las hormonas, o tal vez

76

el síndrome premenstrual, la pérdida de la memoria, tu madre... ¡Oh, Dios, ayúdame...!»
Tu AMADO (OLAFO): «Helga, estás sentada sobre el control remoto. ¡Muévete!»

De acuerdo, sólo estaba bromeando. No lo intentes. Esa conversación era un ejemplo de dos personas que no saben cómo comunicarse. Es eso, o que realmente tienen un matrimonio malo.

No obstante, comunícate; ¡de cualquier forma! Cuando estás enfrentando una crisis, el Espíritu Santo te dará las palabras para compartir tus sentidas necesidades con el más duro de los corazones. Si la capturas rápido, tal comunicación te llevará a la clase de cambio que glorifica a Dios. Pero más importante que eso, no busques sólo el cambio para tu casa, familia, ministerio o finanzas; busca el cambio en *ti misma*.

¡Tú eres un milagro de gracia y favor!

Seis

¿Estás viviendo en una tienda o en un palacio?

EN EL CASO DE cada gran hombre o mujer de Dios que alcanza algo por el Espíritu de Dios, tal logro es generalmente precedido por un tiempo de crisis que llega a su vida, a fin de impulsarlo hacia el primer plano.

Estoy muy contenta de que hubo hombres y mujeres de Dios que estuvieron antes que nosotros, y que se mantuvieron firmes en aquellas cosas que fueron rechazadas al principio por el Cuerpo de Cristo. Tengo un trasfondo pentecostal tradicional. Entonces me casé con este loco compañero judío, y él comenzó a hablarme acerca de Derek Prince y la liberación. Le dije que lo que Prince enseñaba no era verdad... *porque no se enseñaba eso en nuestra denominación*, cuando yo estaba creciendo.

Derek Prince recibió un montón de críticas por parte del Cuerpo de Cristo, y llegó a ser considerado por algunos como hereje, hasta que unos pocos de nosotros decidimos que no deseábamos seguir viviendo con nuestros demonios y comenzamos a comprar sus libros.

Luego, junto a él vino un hombre llamado Kenneth

Hagin, predicando y enseñando sobre temas tales como la fe y la prosperidad. Los cristianos se hicieron un nudo y se trastornaron por completo. «Es un hereje; un esquema de "hazte rico en poco tiempo".» ¿No estás contenta de que Hagin no nos prestara atención, sino que se mantuvo enseñando eso y continuando adelante, predicando la palabra de fe? Llegado el momento, cuando estamos enfermos de ser pobres y no tener nada con qué pagar nuestras cuentas, somos un poco más receptivos. Y cuando alguien nos da una cinta o un libro del hermano Hagin, una luz se prende en nuestras cabezas, y decimos: «Creo, Dios. Él quiere que prospere.»

Para todos aquellos que ponen su marca en el Reino de Dios viene una época en la que deben dar un paso más allá de la multitud. Usualmente, esto lleva a una crisis, porque nadie quiere hacerlo, en realidad, por su propia voluntad. Es necesaria una crisis para que una persona sea propulsada hacia la línea del frente en un ministerio.

El propulsor de la crisis

La forma en que Dios pueda usarte largamente en los días por venir depende de cómo batalles con la crisis en tu vida. Puedo mirar para atrás en las estaciones de mi vida y decir: «Este es un lugar donde fui tentada a correr, renunciar, volver atrás, y salir.»

Usando una visión 20/20, puedo mirar hacia atrás en mi vida y ver encrucijadas. Y si en algo eres parecida a mí, siempre puedes ver mejor cuando estás del otro lado de las cosas. Una de esas encrucijadas en mi vida fue cuando el Espíritu del Señor me dio la oportunidad de elegir cómo caminaría con Él.

Estoy compartiendo esto desde el fondo de mi corazón. Soy consciente de que hay algunas formas de pensar que pueden estar diametralmente opuestas a lo que estoy diciendo. Si no estás de acuerdo conmigo, está bien; *simple-*

mente no me lo digas. ¡No quiero un espíritu de rechazo! Sin embargo, piensa, por favor, acerca de lo que te estoy diciendo.

Quiero darte una carga. Quiero hablarte acerca de la diferencia entre *propósito* y *permiso*.

Lo perfecto versus lo permitido

Todos hemos escuchado de que hay una voluntad perfecta de Dios y una voluntad permisiva de Dios. Entonces, alguien acota que no hay tal voluntad permisiva de Dios. O estás *en* su perfecta voluntad, o *no lo estás*.

El Señor ha estado tratando conmigo sobre esto. Siento que si Él está tratando conmigo, ¿por qué no lo haría contigo también? No hablo de la diferencia entre su voluntad permisiva y la perfecta, sino más bien entre el PROPÓSITO de Dios y su voluntad permisiva. ¿Viviré en su propósito o residiré en su permiso?

Hay muchos hoy en día que están viviendo en su *permiso*, pero no en su *propósito*. La Palabra nos dice que sólo un cuarto de todos los creyentes vivirán en el propósito puro de Dios; mientras que el resto sencillamente están muy cansados para hacerlo.

Entonces viene el tiempo cuando debes decidir en que así es la vida cristiana. Debes aprender a sobrellevar ese cansancio. Debes seguir adelante de cualquier forma; cansada o no. Hay muchos que pierden el propósito de Dios «porque están muy *cansados*», y comienzan a deslizarse. Muchos creyentes no se levantan para ir a la iglesia el domingo a la mañana, porque están *cansados*. No quieren perderse el Cielo, pero pueden haber perdido el propósito de Dios para ellos.

¿Dónde estás?

¿Estoy en su propósito o en su permiso? Esto puede sonar como lo opuesto a lo que he venido diciendo sobre el cruzar la línea, estirar la mano, tomar un riesgo y obedecer a Dios. Puede parecer como que me estoy contradiciendo a mí misma. Sin embargo, esto es llamado *la otra cara de la moneda*, o el balance. Prefiero estar haciendo *algo* para Dios, que *nada*. Si seré culpable, prefiero serlo de misericordia, en lugar de juicio, de dar de más antes de ser tacaña, de dar algo por estar tocada emocionalmente, más que de preocuparme por si mi esposo se enoja conmigo por dar tan livianamente. Siempre digo: «¡Es más fácil pedir perdón que permiso!»

El diablo está en la voluntad permisiva de Dios. Él no puede hacer nada sin el permiso de Dios. Algunas personas piensan que el diablo es como Darth Vader, y que Dios es Luke Skywalker en la película «La guerra de las galaxias». Ellos piensan que hay una lucha continua entre el bien y el mal, y que llegado el momento Dios ganará.

¿Sabes que el diablo fue creado por Dios? El Creador *siempre* es más grande que su creación. Se le ha dado mucha gloria y crédito al diablo. A veces es simplemente la vida.

He escuchado a cristianos decir: «¡Ato al espíritu que hizo que MacDonald se quedara sin hamburguesas con huevos!» ¡Por favor; déjenme de molestar con esas cosas! Simplemente, a veces se quedaron sin hamburguesas con huevos. No es el diablo, es la vida.

El diablo está operando en la voluntad permisiva de Dios. Samuel reveló claramente que Dios no quería que el pueblo de Israel tuviera un rey. Dios dijo: «Yo quiero ser vuestro rey.» Pero los israelitas querían ser como todos los demás. Entonces Él les permitió tener un rey. Ese rey fue Saúl. Él, finalmente, se volvió a lo oculto y enloqueció. Sabemos, por el ejemplo del rey Saúl y de otros, que nunca habrá paz en la tierra mientras Jesús no sea coronado Rey.

Si vives en un lugar donde Jesús no es el rey, estás viviendo donde no tienes paz. Si estás leyendo este libro y no tienes paz, tal vez estés viviendo en la voluntad permisiva de Dios. Siempre lloras y clamas porque sientes que el diablo está constantemente sobre tus asuntos y todo parece ir mal para ti. Si es así, puede ser porque Jesús no es tu rey. ¿Estás caminando en el permiso en lugar de hacerlo en el propósito?

¿Estamos, como los hijos de Israel, creciendo insensibles a los *propósitos* de Dios porque hemos estado residiendo en su *permiso* por mucho tiempo? ¿Hemos estado eligiendo por nosotros mismos, sin orar primero? ¿Hemos estado asumiendo nuestras propias agendas, sin consultarlo antes con Él?

Amo el presionar. Soy la primera en cruzar la línea. ¡Simplemente muéstrenme dónde debo firmar! Creo que las mujeres están listas para lanzarse a la carrera, porque ya han estado en el ginecólogo, y no tienen ningún prurito o imagen que cuidar. Cuando has estado en el consultorio de un ginecólogo u obstetra, recostada boca arriba, con un delantal de examinación, en una fría camilla, tratando de mantener la conversación, mientras examinas los agujeros en el techo, pierdes una cierta cantidad de orgullo e imagen.

Cuando estás recostada sobre tu espalda, realmente le brinda al Señor una hermosa oportunidad de hablarte, ¿verdad? Así a sido en mi caso.

Ahora admitiré: soy la primera en dar, la primera en hacer lo que es solicitado. Sin embargo, hay ocasiones en mi vida en las que Dios ha dicho: «¡Despacio! Quiero hablarte. Necesito hablarte de algunas cosas.»

No seamos engañados

¿Hemos estado por tanto tiempo en el permiso, que lo

confundimos con el perfecto propósito de Dios para nuestras vidas? ¿Vivimos muy por debajo de su propósito. ¿Hemos reclamado nuestro propio camino por tanto tiempo que, al final, Él nos ha dado lo que hemos exigido? ¿Hemos, entonces, confundido las cosas que nos ha dado dentro de su permiso, con su amoroso propósito, que hemos hecho de ello nuestra forma de vida? Nos engañamos a nosotros mismos, creyendo que estamos en su perfecta voluntad porque hemos vivido de esa forma por mucho tiempo. Pero estamos viviendo «en el permiso», no en su propósito.

Quiero repetir: *¿Hemos reclamado nuestro propio camino por tanto tiempo que, al final, Él nos ha dado lo que hemos exigido? ¿Hemos, entonces, confundido las cosas que nos ha dado dentro de su permiso, con su amoroso propósito, que hemos hecho de ello nuestra forma de vida? ¿Nos engañamos a nosotros mismos, creyendo que estamos en su perfecta voluntad?*

Quiero compartir contigo una historia, corriendo el riesgo de que me menosprecies: *menospreciar* significa «pensar menos» de mí. He llegado al punto de no tener ninguna agenda, y oro para no tener ninguna ambición. Si fuera por mis propios deseos, estaría todo el tiempo en casa, con mis hijos. Cualquiera que me conoce sabe que disfruto siendo madre y esposa. Pero también amo el ministrar, y el ver al pueblo de Dios liberado. Por eso, si piensas menos de mí por admitir que estoy siendo tironeada en dos direcciones, no hay nada que yo pueda hacer acerca de esto.

He compartido contigo que quiero más niños y que he hecho todo lo que está de mi parte para concebirlos. He tratado de doblar el brazo de Dios, recordándole a todas las estrellas de Hollywood que están teniendo bebés fuera del matrimonio, y del porcentaje de gente que no desea quedar embarazada, y no obstante queda. Le he dicho que no puedo entender esto. Lo he hecho todo. He frotado escarpines de bebé sobre mi vientre. He colgado ropa bendecida en la cabecera de la cama. Tomé suficientes medicamentos fertilizantes como para tener una camada entera, y hasta le hice usar a mi esposo los calzoncillos tipo boxer —que no le gustaban— para aumentar su producción de espermatozoides. (¡Esto es lo que me habían dicho que de una u otra forma resultaría!)

La forma en que Dios lo logra

Cuando Jerusha tenía 8 años de edad, alguien me llamó y me contó de una muchacha que había quedado embarazada, y que deseaba dar su niño. Me dijo que si quería al bebé podía arreglar una reunión con la madre. Por supuesto, consentí inmediatamente. Algo en mi interior, mi «discernidor», dijo: «¡No lo hagas!» Sin embargo, deseaba tanto un bebé en ese tiempo que hubiera hecho cualquier cosa.

Mi «discernidor» siguió advirtiéndome: «¡Cathy...!» No le conté a nadie, simplemente continué empujando para pasar por alto la advertencia de mi «discernidor», es decir, pasar por alto la paz de Dios. La Palabra nos dice que no necesariamente debemos tener una palabra profética específica. Debemos dejar que nuestros corazones y mentes sean gobernados por la paz de Dios. Pasé por alto la paz ¡porque *quería* al bebé!

Estaba en mi camino hacia la reunión con esa muchacha cuando alguien pasó frente a mi Toyota, causando que hiciera un viraje brusco para no chocarlo. No podía recordar si debía enderezar el volante para no patinar. Alguien luego me recordó que ese consejo era para el hielo, pero yo estaba en la cálida Florida. Patiné hacia un costado de la calle, y por un milagro de Dios no había ningún auto en la trayectoria de mi patinaje hacia la banquina, chocando con un poste de teléfono. Instintivamente puse mi brazo para protegerme la cara, mientras me inclinaba hacia el asiento del acompañante, y mi cinturón de seguridad me tiraba para atrás.

Estaba medio inconsciente cuando la ambulancia me

llevaba hacia el hospital, y oraba en el Espíritu. Les pedí a los paramédicos que me llevaran a la iglesia; sabía que si tan solo podía llegar hasta mi esposo, él oraría por mí. Ellos ignoraron mi pedido y se apuraron hacia el hospital, anticipando por radio la información inicial de todas mis heridas.

Mi esposo fue rápidamente hacia el hospital, entrando como una tromba a través de las puertas de la sala de emergencia, como sólo él puede hacerlo. Y mirándome, gritó: «¡Oh, mi pobre bebé! ¡Mira lo que el diablo te ha hecho!» Yo pensé: *Es correcto; fue el diablo, no mi impericia al volante.* Estaba deseando que Randi recordara eso más tarde cuando la cuenta del hospital llegara por correo.

El doctor hizo avisar a mis familiares, debido a la seriedad de mis heridas, y le dijo a mi madre que yo no podía enfocar mi vista porque mi cerebro estaba hinchado. Esa era la razón por la cual todo me parecía borroso. Mi querida madre simplemente contestó: «¡Oh, ella siempre está así!»

Tomaron varias placas radiográficas antes de que el neurocirujano llegara para comenzar la operación. Mi esposo oró por mí antes de dejarme ir al quirófano. Ellos continuaban tomando más radiografías, y finalmente debieron admitir que *algo* había sucedido desde el momento en que me habían traído. Las últimas radiografías mostraban que no había huesos rotos en mi cuerpo. Pero como *sourvenir*, tengo la cicatriz de sesenta y cuatro puntos en mi brazo, de donde ellos removieron los vidrios.

Cuando la policía vino a hablarme, les expliqué que si ese tonto poste de teléfono no hubiera estado en mi camino, sólo hubiera sufrido un momento de turbación.

El policía contestó: «Señora Lechner, usted no entiende. Si *no* hubiera chocado con ese poste de teléfono, su carro se habría dado vuelta y usted hubiera quedado aplastada o ahogada antes de poder ser salvada. Chocando ese poste de teléfono se corrigió la trayectoria y su vida se salvó.»

Yo dije: «Gracias, poste telefónico.»

¿Has visto algún poste de teléfono últimamente?

Alguno de ustedes tienen postes de teléfono en sus vidas que han sido una maldición. Dios, en su infinita misericordia y gracia te permite chocar con un poste de teléfono a fin de salvar tu vida. Has estado maldiciendo el haber chocado con el poste cuando el enemigo tenía algo mucho peor planeado para ti, un poco más adelante en el camino.

Randi y yo supimos más tarde que la mujer con la que me reuniría era una drogadicta crónica. El bebé había nacido con serias deformidades por las cuales nosotros hubiéramos sido totalmente responsables financieramente. El niño murió seis semanas después.

Me había querido independizar de mi «discernidor», siguiendo mi propio camino, puesto que sabía lo que Dios tenía en sus planes. Sabía que Él tenía más niños para nosotros, pero estaba adelantándome ocho años a su propósito.

No puedo decirte que empujes hacia adelante y presiones, sin decirte también: «No violes la paz de Dios que está en tu interior.» Él te dio esa paz con un propósito. La Palabra nos dice que Él hace que todas las cosas «ayuden a bien, esto es, a los que conforme a su propósito son llamados» (Romanos 8.28). *Él tiene un propósito.*

Las cosas *no* ayudarán juntas para bien si no estás en su propósito sino tan sólo en su permiso.

¿Caminamos con Él de acuerdo a *sus* propósitos, o lo hacemos de acuerdo al *nuestro*? ¿Tenemos nuestros buenos propósitos en mente, o tenemos los de Dios? ¿Abandonamos nuestras vidas para servirle a Él y a sus propósitos, o torcemos su Palabra para hacerla *parecer* como que Él ha venido a servirnos y hacer que nuestros sueños se cumplan? ¿Ha venido Él, realmente, a hacernos sus hermanos, e hijos de su Padre, para que a través nuestro Él pueda cumplir *sus* sueños en la tierra, o solo estamos atrapados, tratando que *nuestros* sueños se cumplan?

Si me conoces en algo, sabes que soy una dadora de sueños. Quiero levantarte y animarte a que te muevas dentro la voluntad de Dios.

Pero también quiero ser la primera en decirte que no podemos olvidar que Dios se dio a Sí mismo, a fin de lograr su gloria y sus propósitos sobre la tierra. Mientras Él está en eso, nosotros *somos bendecidos*.

Cuando vayamos delante de Él, ¿qué oiremos? ¿«Bien», o «Bien hecho»? No quiero solamente un toque del Espíritu Santo; quiero que sus propósitos sean cumplidos en mi vida. Quiero que Él cambie aquellas cosas de mi vida que deben ser cambiadas, a fin de que sus propósitos sean cumplidos.

Dios trata con nuestras motivaciones

Lo que haces es madera, heno u hojarasca. El *por qué* haces esto, es tu tesoro. Puedes juzgar el *qué* de un hombre, pero se te está prohibido juzgar su *por qué*.

Un hombre a quien admiro grandemente lleva adentro lo profético como ningún otro que jamás haya visto. Él puede decirte qué almorzaste, si eso es importante para él conocerlo, y para ti escucharlo. (Por supuesto, *tú* conoces lo que comiste en el almuerzo; lo elegiste del menú.) Él tuvo un tremendo impacto sobre mí y sobre quienes lo rodean. Repentinamente, él no estaba en ninguna parte. Parecía como si Dios lo hubiera sacado de circulación y guardado en un estante. Era como si todo su ministerio se hubiera secado. Le pregunté a Dios: «¿Por qué?»

Él dijo: «Porque sus dones exceden su carácter. Porque su carácter no se equipara con sus dones, y hubiera perdido la carrera.»

Dios está más interesado en tu carácter que en tus dones, porque tus dones pasarán. ¿Qué ganará el hombre si le profetiza a millones, pero pierde su propia alma?

El Señor me habló una mañana temprano y me dijo: «El

propósito de mi corazón en esta hora es traer hombres y mujeres de Dios juntos, para tirar abajo las paredes divisorias, a fin de que puedan ver allí donde el nombre de nadie puede ser puesto.» Es cosa de Dios; no de los hombres.

«Señor, ¡envíalos!»

Cierto día al principio de este año me encontraba clamando ante el Señor. Aún no había desempacado de mi último viaje, y estaba en mi tiempo de oración. Le dije: «Señor, ¡no quiero ir más! Allí afuera hay un millón de mujeres santas, todas diciendo: "¡Envíame! ¡Envíame!"

»Oh, Señor, envíalas. Extraño a mi esposo; extraño a mis hijos. Quiero quedarme en casa. Señor, por favor, estoy cansada y no quiero salir más.»

Escuché que el Espíritu Santo hablaba, y Él sonaba igual a cuando me habla mi padre. Él dijo: «Cathy, ama a tu esposo, ama a tus hijos, pero *sirve* a tu Dios. Hay un propósito para ti, y debes caminar en él.»

Yo puedo amarte, pero no vivir de acuerdo a ti. Estoy viviendo de acuerdo al propósito de Dios. No me malentiendas, no estoy haciendo apología de la anarquía, ni dejando de estar sujeta a los pastores y maestros. No estoy abogando para que las mujeres no estén sujetas a sus maridos. Sin embargo, quiero decirles, esposas, que está por llegar el día en que estarán delante del Señor, y deberán dar cuenta de qué hicieron con lo que Él puso en sus manos. En ese día no podrán decir: «Bueno, es que... mi esposo...»

He visto a mujeres que han usado la sumisión como una excusa para desobedecer a Dios. «Sentí que debía permanecer en casa con mi esposo...» Esto significa que él estaba sentado frente al televisor, mirando el juego de pelota, mientras tu lavabas la ropa. Otras tal vez, pueden ir a la iglesia y ser felices. «Bueno, él sólo no me deja ofrendar.» Cariño, no te dejará ofrendar, pero puedes comprarte lo que quieras. Conozco a las mujeres; ellas harán cualquier cosa que sea necesaria para obtener lo que desean. Si quieres dar, siempre encontrarás la forma para hacerlo.

Quiero vivir de acuerdo al propósito de Dios en mi vida. Hubo un tiempo cuando Dios me pidió que hiciera algo. Le dije a mi esposo: «Cariño, siento como que Dios me está pidiendo que haga tal cosa.»

Randi dijo: «*No.*»

Yo dije: «De acuerdo.»

Regresé más tarde a Randi y le dije que Dios no me había liberado de la responsabilidad de hacer aquello, y él otra vez dijo: «*No.*»

Yo le dije: «De acuerdo.» Pero Dios no me liberó de eso, por lo que traté de discutir con Él diciendo que Randi probablemente diría otra vez que no.

El Señor dijo: «Vé nuevamente.»

Entonces, fui otra vez a Randi y le dije: «Dios no me ha liberado de esa orden. Debes ir y preguntarle al Señor. No me hagas elegir entre tú y el Señor. Yo lo amo a Él en primer lugar, antes que a ti.»

Él respondió: «Vé y obedece al Señor.»

Permanece en la perfecta voluntad de Dios.

Siempre que eres ofendida te sientes empujada a salir del propósito de Dios para entrar en su permiso.

¿Qué de la historia de Pablo y Bernabé? Saulo (más tarde el apóstol Pablo) estaba persiguiendo cristianos. Bernabé estaba predicando el evangelio. De repente, Saulo tiene su conversión en el Camino a Damasco, es salvado dramáticamente, y Dios lo pone bajo la sujeción de Bernabé.

¿Estás viviendo en una tienda o en un palacio?

«Había entonces en la iglesia que estaba en Antioquía, profetas y maestros: Bernabé, Simón el que se llamaba Niger, Lucio de Cirene, Manaén el que se había criado junto con Herodes el tetrarca, y Saulo.»

—Hechos 13.1

Dios había puesto a Saulo bajo Bernabé para ser discipulado, conducido y enseñado. Mientras los dos estaban ayunando y alabando al Señor, el Espíritu Santo dijo: «Apartadme a Bernabé y a Saulo.» En la Palabra, el más importante siempre era nombrado primero. Bernabé fue el maestro. Por eso, en este caso, su nombre fue nombrado primero, en respeto por su estatura en el Señor. Más tarde las referencias se hacen sobre Pablo y Bernabé. Luego se desarrolló una contienda entre ellos, y comenzaron a pelear acerca de uno de los colaboradores: Juan Marcos. Este problema forzó a Pablo y a Bernabé a salir del propósito de Dios, el cual era, para ellos, ministrar juntos. Eso los separó y los llevó al permiso.

Lo que estoy tratando de decirte es que la contienda siempre hace que pensemos: *«Yo estoy en lo correcto, tú estás equivocado.»* La contienda y las ofensas nos llevarán a separarnos de aquellos a quienes Dios, en su propósito, ha puesto para que caminemos juntos. Puesto que Él nos ama, y ve que no podemos caminar juntos, muchas veces nos permite ir por caminos separados, haciéndolo en su permiso.

Hay muchos que actualmente están vagando en el permiso. Muchos tienen verdad en ellos, pero ellos mismos no son verdad. Un hombre de verdad, quien en sí mismo es verdadero, para el Señor *es verdad*.

El Señor nos lleva a lugares donde tendremos paz, no importa lo que suceda. Si Dios en su sabiduría permite aquello que podría haber evitado en su poder, entonces puedes estar segura de que es por un propósito determinado. Si es así, te postrarás ante su trono y dirás: «Así sea, Señor. Amén. Te creo. Vivo de acuerdo a tu propósito.»

Sé que la voluntad de Dios no siempre es placentera. A

91

veces es dificultosa y nos irrita. No nos gusta. Declaramos que sea hecho de otra forma. La palabra que nos fue dada no va de acuerdo con lo que está sucediendo. Lo que Dios nos dijo y lo que ocurre parecen estar en conflicto. Sin embargo, cuando Dios al final lo hace, decimos: «Dios, podrías haber evitado que aquello sucediera. ¿Por qué no lo hiciste?»

Es ahí cuando nos arrodillamos ante su trono y decimos: «Dios, te agradezco y te alabo. Creo que estás obrando todas las cosas para mi bien, porque no estoy viviendo en tu permiso; estoy en tu propósito. No me dejes vivir en tu permiso. Déjame vivir sólo en tu propósito. Si lo que me está pasando sirve a tus propósitos, entonces que así sea. ¡Amén!»

Después de aquel incidente con el bebé, dije: «Dios, me has dado una promesa. Permaneceré firme; voy a declararla. No entiendo por qué no has hecho esto por mí. Te sirvo, te amo, y doy. He hecho todo lo que sé que puedo hacer. No hay ningún motivo o razón que el doctor pueda darme o que puedas darme acerca de por qué no te has movido a mi favor, concerniente a esto. Daré un paso atrás y confiaré en ti.»

Dios se mueve... ¡perfectamente!

Ocho años después, caminando en sus propósitos, y ¡BOOM! ¡BOOM! ¡BOOM! ¡BOOM! ¡BOOM! ¡BOOM! ¡Seis veces se movió el Señor!; cada una de ellas en forma perfecta. Quiero animarlas a todas ustedes, solteras: no vivan en el permiso de Dios. No vayan a la cama con su permiso. Esperen por su propósito.

Mi secretaria ha estado conmigo por casi trece años. Tiene 36 años y nunca ha estado casada. Ella cree que Dios le traerá un esposo. La conocí en la ciudad de Seattle, estado de Washington. Vendió todo lo que tenía y se mudó a Florida sólo para servirme a mí. Yo le dije: «Dios debió buscar a través de todo el mundo para encontrar alguien que me ayudara a criar estos bebés para Él. «Pequeña, trece años atrás Dios te estaba levantando para el gran destino que tenía para ti.» Le dije que Él tenía un hombre de Dios para ella, y que mientras más esperara, mejor sería aquel varón.

Alguien dice: «Es más fácil para mí ser alcanzada por la bala de un francotirador que trabaja para Yaser Arafat, que casarme antes de que mi cuerpo se arrugue.» ¡Me río de esa declaración! Si Dios pudo enviar un montón de camellos olorosos para encontrar una esposa para Isaac, seguramente puede encontrar un compañero para ti. Sin embargo, debes esperar por sus propósitos.

Estoy tocando algunas vacas sagradas; lo sé. Por favor, perdóname. Si no estás de acuerdo conmigo, está bien. No tengo problema. Simplemente, no me lo digas.

¿Cuanto tiempo, Señor?

Amo el atar, soltar y orar con lo mejor de ti. Eso me da el sentido de que estoy completando algo en el Espíritu. Esto es especialmente cierto si un espíritu de pesadez viene sobre mí. Puedo pasar todo el día atando y reprendiendo.

Pero, ¿cuánto tiempo es lo suficiente? ¿Por cuánto tiempo debemos atar? Alguien me dio una vez un libro según el cual yo estaba haciendo todo mal. Estaba atando lo que se suponía que debía ser desatado, y desatando lo que debía ser atado. Tenía todo confundido. ¿Has visto alguna vez a esa gente que cuando se pone a interceder te asusta? ¿Has escuchado alguna vez a esas santas mujeres, arrugando sus caras, apuntando con sus huesudos dedos, y comenzar a reprenderte? ¡Eso asusta!

El Señor nos ha dado potestad sobre la tierra. Cuando tenemos dominio y potestad hay un poder y una autoridad que son expresadas. Es por eso que Jesús era capaz de entrar y hacer temblar al diablo. Es por eso que la sombra de Pedro era tan poderosa.

Recientemente hice una grabación de un poderoso ministerio. Nunca me había encontrado con la persona que lo lideraba, pero cuando él entró al salón parecía como si fuera de dos metros y medio de alto. Cuando entró sentí que toda la gente tragaba saliva. Había una *presencia* alrededor suyo. Había algo que comunicaba que su caminar era con autoridad.

Cuando tal poder de autoridad es expresado, no es necesario gastar el día entero para gritarle al diablo hasta quedarte sin pulmones. Puedes hacer tu guerra y entonces ingresar en la oración y la alabanza:

> «*Te amamos, Señor, y construiremos un habitáculo y un trono para ti. Montaña abajo, donde el río fluye, llevando la frescura por donde va.*
> »*Te amamos y adoramos, Señor.*»

Podemos cantar y danzar, y alabar al Señor, entrando en la presencia de Dios.

En mi habitación tengo una silla. Cuando entro al cuarto voy directamente a ella, a sentarme. Nunca me pregunto: «*¿Debiera sentarme?*» «*¿Me puede sostener esta silla?*» No tengo dudas en mi mente. La silla es mía. Me pertenece. Cuando mis niños están en mi silla y me ven venir, no tengo que decirles que salgan de ella. Simplemente la desocupan. Cuando mi esposo se dirige hacia *su* silla, los niños salen inmediatamente. ¿Por qué? Porque es la silla de él.

Así es con la autoridad que Dios te da. Tienes potestad sobre la tierra. Necesitas asirla y moverte en ella. No vivas en tu última revelación. Ella se convertirá en el trapo que usas para limpiar la varilla del aceite del motor. No vivas en la primera marcha. Pon el punto neutro. Prepárate para el cambio. «Dios, tú dices que todas las cosas trabajan juntas puesto que camino en tu propósito, y tú lo has permitido.»

Cualquiera que vuela sabe lo que significa vivir de esa

forma. Los aviones llegan tarde, los vuelos son cancelados y tu pierdes las conexiones. Teniendo mis hijos preparados para la iglesia, y uno de ellos perdiendo uno de sus zapatos en el camino, o ver al otro que mete su dedo en la garganta para averiguar qué desayunó, me hace llegar al punto de decir: «¡No importa; esto no es tan difícil!»

Algunos de ustedes están siempre quejándose. Nosotros estamos caminando en sus propósitos, en su voluntad. No gastes tu vida quejándote. Simplemente deja que cada una de esas cosas queden de lado. Ponte en punto neutro. El engaño más extremo es cuando el enemigo toma toda tu atención, succionándote la vida y el gozo, por cosas que realmente no importan. A la luz de la eternidad, *¿a quién le importa?*

Recuerda, Dios es para ti

Vive de acuerdo a sus propósitos para tu vida. Dios comprende cosas que tú no entiendes. Él puede tener una agenda no revelada aún para tu vida, y sólo porque no lo entiendas no significa que no está obrando para ti. ¡Él está totalmente loco por ti!

Recuerdo que como niña de 10 años deseaba mucho la Casa de los Sueños de las muñecas Barbie. Cada vez que íbamos a una juguetería yo les rogaba a mis padres por ella. Hasta ahorré mi propio dinero para comprarme una. Mi padre trató de desanimarme, diciéndome que realmente yo no querría una, por que eran de mala calidad y no duraría mucho. Lo que yo desconocía era que mis padres ya habían encargado una para Navidad. ¡Pero yo la quería *ahora*! En mi mente infantil no podía entender por qué ellos no me dejaban tenerla. Les dije a mis padres: «¡Ustedes me odian! ¡Todas las nenas tienen una Casa de los Sueños de Barbie con una puerta deslizante, menos yo!» Me tiré sobre la cama, llorando horriblemente.

Mis padres no me odiaban. Ellos habían hecho lo

necesario para bendecirme, a fin de que yo guardara mi dinero y fuera el de ellos el que se gastara para darme lo que quería.

Algunos de ustedes le han dicho lo mismo a Dios: «Tú no me amas, ¡si no, harías eso para mí! No me harías esperar; no si realmente me amaras. ¿Por qué?»

¿Estás en un valle y eso duele? Las cosas no han ido en la forma que pensabas que debieran ir. Has hecho un recuento de tus profecías y las has escuchado vez tras vez. No han sucedido en la forma en que lo planificaste. ¿Quieres saber por qué? Porque Dios tiene un plan mejor. Cuando este se cumpla, tu dirás: «Gracias, Dios.»

Dios está sereno y listo para mostrar su gloria. Si no quieres estar suspendido por un tiempo, ¿cómo se manifestará a Sí mismo ante ti? No me gusta estar en ascuas, pero he encontrado que al estar suspendida su propósito es realizado, sus fuerzas vienen, y su gloria es revelada.

Te exhorto a ser llena con su propósito y a permanecer allí. Permanece en su gloria.

Siete

¡Y pensar que casi me lo pierdo...!

Estamos PREPARÁNDONOS para ser los guerreros del nuevo milenio. Sión está llamándonos a un elevado lugar de adoración. Por lo tanto, di esto conmigo: «Soy un sobreviviente. El diablo trató de matarme, de destruirme, de sacarme el gozo, mi esperanza, mi visión, y mi sueño, pero Dios me ha acompañado todo este tiempo. Por consiguiente, tengo el poder para ir y patear al diablo en el rabo.»

Creo que Dios ungirá esas palabras y te llamará por su Espíritu, por lo que querrás responder al espíritu de Dios de esta forma.

Estuve en una reunión con Peter Lord, quien enseñó sobre la oración. Amo el orar, pero a medida que él iba hablando sobre la oración me fui deslizando hacia abajo en mi asiento. Antes de que terminara yo me encontré clamando a Dios para que fortaleciera mi vida de oración.

Mi deseo para ti es que antes de terminar de leer este capítulo te rindas totalmente y digas: «Sión me está llamando, y debo ir a un lugar más alto de adoración. Permaneceré en su monte.» Magnifica su monte, y dile a todas las naciones que Él reina.

Lucas 8.5 cuenta la parábola de El Sembrador:

> *«El sembrador salió a sembrar su semilla; y mientras sembraba, una parte cayó junto al camino, y fue hollada, y las aves del cielo la comieron. Otra parte cayó sobre la piedra; y nacida, se secó, porque no tenía humedad. Otra parte cayó entre espinos, y los espinos que nacieron juntamente con ella, la ahogaron. Y otra parte cayó en buena tierra, y nació y llevó fruto a ciento por uno. Hablando estas cosas, decía a gran voz: El que tiene oídos para oír, oiga.»*
>
> —LUCAS 8.5-8

Jesús dijo: «Tú que tienes oídos para oír, oye.» En otras palabras, hay quienes leerán esto y «oirán», y de alguna forma, antes de terminar con el capítulo, desconectarán la mente. Jesús estará diciendo algo vitalmente importante, y estará llamando. Está apelando a que oigan. Lo que está diciendo es vital: un tema de vida o muerte en el Espíritu. Pero algunos escucharán y otros no. La Biblia también dice eso.

Cuando viajas mucho y te mueves en ciertos círculos, está la tendencia a ser atraído hacia aquellos que vienen y dicen: «¡Cuán maravillosamente has presentado la palabra de Dios!» El problema con esto es que no deseo ser engañada. Lo que impresiona a Dios no es lo que hago en público sino lo que soy en privado, cuando nadie me ve.

Valor para cruzar la línea

He estado clamando a Dios que no deseo todas mis recompensas en esta vida. Mientras ministraba en una conferencia, durante un receso estaba tratando de tener un muy necesitado descanso en mi habitación del hotel. Comencé a llorar. Mi madre me preguntó si algo andaba mal. Le dije: «No quiero recibir todas mis recompensas en esta tierra, de otra forma, cuando llegue al Cielo lo único que recibiré será un pequeño e insignificante prendedor de Jesús para la solapa. Cuando Él pase por ahí habrá mucha gente maravillosa tirando coronas a sus pies, y ahí estaré yo, tirando este estúpido prendedor, recogiéndolo y volviéndolo a tirar, una y otra vez. ¡No quiero tener todas mis recompensas aquí en la tierra! Quiero que algunas cosas queden pendientes para mí. Quiero hacer algunas cosas secretas, algunas obediencias. ¡Quiero cruzar algunas líneas de fe, sabiendo que sólo Dios sabrá lo que me cuesta tener el valor de hacerlo!»

Déjame decirte cómo comienza esta actitud. Comienza por poseer la promesa. Quiero mantener la actitud de ver al pueblo de Dios poseer las promesas. Quiero ver que no solamente tienes una palabra, ya que «la esperanza que se demora es tormento del corazón» (Proverbios 13.12). Ha venido gente a decirme: «¡No me dé otra palabra de que tendré un hombre! ¡Quiero saber el nombre y la dirección! ¡No me diga que tendré una bendición económica! ¡Deme la fecha!» La Palabra dice que es con fe, paciencia y perseverancia que heredamos las promesas. Así que desarrollemos algo de cada una, ¡y movámonos!

Me encantaría ir a la cama una la noche y levantarme al día siguiente pareciéndome a Marilyn Hickey, con los colores bien combinados en toda la indumentaria, y tan tranquila y calmada que nada me molestara, sentada en mi silla, luciendo encantadora y con la familia correctamente en orden. Sin embargo parece que nunca tendré todo eso junto, al mismo tiempo, al menos tan fácilmente. Mi dicho es: *Si está en liquidación, debe ser mío.*

No sé si realmente he visto un ángel alguna vez. Conozco a un montón de gente que siempre está teniendo visiones. Yo no tengo muchas, y ni siquiera son a color. Mayormente son en blanco y negro. En una instancia, sin embargo, estaba profundamente dormida y fui despertada por la palabra «¡Redimida!».

Mis ojos se abrieron grandemente, y pude sentir la presencia de un ángel ministrador parado al lado mío, quien había sido enviado desde el trono de Dios. Él había sido enviado para llamarme a levantarme y orar. Salí de la cama porque *él* me llamó.

«¿Por qué no puedo ministrar en mi ropa de entrecasa?»

Una de las cosas que el Señor me llamó a hacer en ese año fue ir a Australia. No soy esa clase de persona que disfruta el viajar de aquí para allá. Soy hogareña. Me gusta estar en casa y ordenar comida por teléfono. No me gusta dejar mi casa. Disfruto estar allí. Ni siquiera me apasiona ir de compras. Me gusta estar en mi ropa de entrecasa y comprar cosas por correo. De hecho, si pudiera ministrar con ropa de entrecasa sería la persona más feliz del mundo.

Recibí una invitación para ir a Australia. Cuando la acepté parecía ser una idea maravillosa. ¿Cuántos de ustedes han respondido algún llamado especial desde el altar, pasando adelante, llorando y diciendo: «¡Soy tuya, Señor; tómame con todo lo que soy, con todo lo que tengo!»?

A medida que la fecha de partir hacia Australia se acercaba más y más, crecían las excusas que podía pensar para no ir: «No es conveniente en este momento»; «No quiero dejar a los niños»; «Mi pelo no se ve bien»; «Es muy lejos»; «Tengo que estar sentada por mucho tiempo»; «Una vez que esté en ese avión no podré salir si cambio de idea…» Tú sabes qué clase de excusas estaba poniendo; todas ellas débiles.

He estado en muchos países, incluyendo Japón, las Filipinas y Rusia, pero prefiero permanecer en Jacksonville. Sin embargo, decidí que debía ir a Australia si Dios me daba paz sobre ese viaje. No era mi paz la que se turbaba, sino mi carne.

Traté de hacer un pacto con el Señor. Dije que si ellos me mandaban un boleto de avión para viajar en la clase ejecutiva, sabría definitivamente que Él deseaba que viajara. No habían pasado cinco minutos de esto cuando el teléfono sonó: la persona en el otro lado de la línea me dijo que eran casi las cuatro de la mañana allá, que se levantó y se sintió impelida a llamarme y decirme que me enviaría un boleto de avión para viajar en clase ejecutiva.

Le expresé mi apreciación, mientras gemía interiormente. Finalmente le dije al Señor que iría, que me callaría la boca, dejaría de quejarme; era su voluntad, y era buena. Pude escuchar al Espíritu Santo decir: «Bueno, gracias; aprecio eso.»

Durante todo el tiempo que estuve preparándome para hacer este viaje, mi carne me estaba causando todo tipo de problemas. Caminé hacia el aeropuerto clamando: «Para la gloria de Dios y la edificación del Reino. Para la gloria de Dios y la edificación del Reino.»

Estábamos volando por el aire, y sin nada en qué ocuparme, saqué mis casetes de alabanzas y comencé a adorar al Señor. Mientras hacía esto, Él me habló, diciendo: «Cathy, aquello a lo que llamaste "inquietud del espíritu" no era falta de paz; era rebelión. Lo tuviste como algo espiritual, pero te estabas comportando como Jonás. Simplemente, no querías ir.» Cuando estás volando a kilómetros de altura en el cielo, con nada más que agua por debajo, es muy fácil arrepentirse, por lo que lo hice una y otra vez.

La primera reunión fue en la capital australiana, Camberra. El Señor me dio esta palabra: «Hay una bruja en este lugar.» Entonces dije a la audiencia: «No conozco nada acerca de brujería, pero sé que hay una bruja aquí, y sé que has venido a maldecir esta conferencia. Hay una maldición que ha sido enviada sobre tu vida, y dentro de treinta días estarás muerta si no vienes aquí adelante, y entregas públicamente tu vida a Cristo. No es suficiente para ti hacerlo allí donde estás; debes pasar al frente.»

Al final de la reunión vino adelante una joven mujer. Su cabeza estaba rapada y envuelta en un pañuelo. Su cuerpo tenía muchos tatuajes y perforaciones con aretes. En su mano sostenía bolillas de cuero y papel que iba a sembrar en la iglesia.

Ella dijo: «Yo soy la bruja. He sido enviada por el concilio de brujas de esta ciudad, porque hemos escuchado que los profetas están aquí. He sido enviada a poner maldiciones sobre cada uno de ustedes. Mientras usted hablaba, sabía que se trataba de mí, y también sé quién puso la maldición en mi contra.» Le dije que podíamos orar y romper esa maldición por la autoridad y el poder del nombre de Jesús.

Mientras comenzamos a orar por esta mujer, llevó hacia atrás su puño, como para golpearme. Eso está bien para otros predicadores, pero yo no estaba lista para algo así; realmente no quería ser golpeada. El Señor dijo: «Abrázala fuerte y dile que yo la amo.» Cuando lo hice, ella gritó y cayó al piso.

El Espíritu del Señor me habló y dijo que ella nunca había conocido el amor de un hombre o mujer. Había vivido como lesbiana y abusada por su madre y por su padre. Cuando le pedí que me confirmara esto, comenzó a sollozar. Era por eso que el Señor me dijo que la abrazara; ella nunca había conocido el amor puro de otra mujer. Mi equipo de ministerio y yo pusimos nuestros brazos a su alrededor, la amamos y oramos por su liberación.

Mientras dejaba la reunión esa noche, el Señor me habló y me dijo: «¡Y pensar que casi te lo perdías...!»

¡Gloria a Dios; no me lo perdí!

El próximo lugar el que fuimos era una iglesia en una pequeña ciudad a las afueras de Sydney. El liderazgo realmente no deseaba que yo ministrara. Ellos ya tenían un predicador invitado en la agenda. Sin embargo, por respeto al profeta australiano Steve Penny, el pastor consintió —con renuencia— dejarme hablar en un servicio. Él nunca me había escuchado, y no tenía ni la menor idea de quién era yo.

Mientras estaba parada para ministrar esa mañana, el

Señor me habló acerca de una joven mujer en la primera
fila, y me ordenó decirle que ella estaba comprometida
con el hombre equivocado. Mi corazón y mi mente dijeron: «*Prefiero no hacerlo. Pero, ¡hey! Estaré fuera de aquí después de esta mañana; ¿qué pueden hacerme?*»

Entonces obedecí al Señor y dije: «Jovencita, ponte de
pie. El espíritu del Señor dice que estás comprometida con
el hombre equivocado. Si obedeces al Espíritu de Dios y
rompes ese compromiso, te daré el hombre de Dios que
tengo preparado para ti, y le daré a él la mujer que Dios
tiene para él.» Ella no recibió muy bien estas palabras.

Estábamos en camino al almuerzo después del servicio, cuando el pastor me preguntó si sabía quién era esa
joven. Le dije que no. Él me dijo que era su hija. «¡Oh,
no!», pensé. «*¡Debo irme ahora! Sólo denme mi hamburguesa
y me iré*»

Él se sentó en su auto y me dijo que durante dos años
él y su esposa habían estado tratando de decirle que ese
hombre no era el que Dios tenía para ella. «No quiere es-
cucharnos; se ha rebelado y se ha ido de la casa. Hemos
clamado a Dios y le hemos dicho: "Si te es necesario en-
viarnos un profeta para decirle que todo eso no viene de
ti, haz lo necesario, Señor, pero sálvale la vida a nuestra
hija."»

Mientras me sentaba en el asiento de atrás del auto, el
Espíritu de Dios me habló, diciendo: «*¡Y casi te lo perdiste,
porque no querías obedecerme sacrificando dos semanas de tu
vida!*»

El pastor se sintió tan impresionado que debí ministrar
otra vez esa noche. El evangelista quien se suponía que
debía ser el orador, estaba sentado en la primera fila. No
me gusta ministrar a los ministros. Parece que a todo el
mundo le gusta hacerlo. Entonces me quedé atrás, pero el
Señor me dijo que le profetizara a él su palabra. En obediencia, le pedí que se pusiera de pie, y dije: «Mi hermano, el Espíritu del Señor me habló y dijo esto: "Proveeré
millones de dólares a través de la obra de tus manos."» A

este punto, su mandíbula quedó abierta.

Continué: «Vi que tus obras eran puestas en latas y vasos de café. Serás el próximo artista laureado de Australia. Las finanzas vendrán y tu podrás ir y tomar una nación para mí.»

Este hombre clamó en alta voz: «¡Dios!» Y corrió alrededor de la iglesia. Cuando regresó a su asiento, dije: «El Espíritu del Señor continuó hablando: "El Señor te está dando nuevamente tus niños. He escuchado tu deseo de una casa de seis habitaciones. ¡Está en camino, porque tus niños están regresando a casa!"»

Él volvió a gritar: «¡Dios!», y dio otra vuelta alrededor de la iglesia, con todo el mundo exclamando y adorando a Dios.

Después del servicio, estábamos en la oficina del pastor. El hombre a quien le había profetizado entró y dijo: «¿Sabe usted quién soy? Mi nombre es Tim Hall. Soy uno de los evangelistas más conocidos en toda Australia. También soy un artista. Aquí hay un prototipo de lata para galletitas, que hicimos para presentar algunos de mis trabajos. Aquí hay un jarro de café, con algunas cosas que estamos probando en el mercado. El actual artista laureado de Australia está en sus noventa y no tiene buena salud. Nadie sabe que era el clamor de mi corazón ser el próximo artista laureado de este país.»

Él continuó: «Años atrás mi esposa me dejó cuando estaba en el ministerio. Mi denominación me echó porque me volví a casar. Mi primera esposa "envenenó" a mis hijos en mi contra. Todos ellos se fueron, pero he estado clamando a Dios que me los devolviera. Dos semanas atrás una de mis hijas me llamó y me dijo que estaba esperando un bebé, y que deseaba venir a vivir conmigo. Mi hijo está viniendo a vivir conmigo, pero estamos en un apartamento de dos dormitorios. Yo dije: "Dios, si esto viene de ti, necesitamos una casa de seis dormitorios."»

Me tomó de las solapas y me dijo: «Si no viniste a Australia por nadie más, ¡lo hiciste *por mí*!»

Comencé a llorar. Cuando me preguntó por qué lloraba, le dije: «*Porque casi me lo pierdo.*»

De todas formas, Dios prepara el camino

Se fue corriendo la noticia de que Dios había enviado su palabra profética a Australia. De repente me encontré requerida, pero no nada se debía a mí; después de todo, ni si quiera había deseado ir. Yo estaba revelando mi lado flaco. Era Dios.

Luego fuimos a un campamento de retiros para la conferencia de la Asamblea Nacional de Mujeres. Según ellos, la asistencia nunca había sobrepasado las sesenta personas. Sin embargo, en esta ocasión la asistencia final fue de 400 personas, debido al hambre de las mujeres por la palabra profética.

No estoy muy acostumbrada a los campamentos. Mi impresión es que allí el servicio de los cuartos es bastante sencillo. Eso no es muy fácil para mí.

En la primera noche me sentí impelida a llamar a todo el liderazgo a venir adelante. Mi intención había sido mantenerlos detras mío orando. El Señor dijo: «No; date vuelta y ministra a los líderes.» Usualmente comienzo por el medio, pero sentí que el Señor decía: «No; desde aquel final.»

Entonces dije: «Hija, te digo que te he concedido un diezmo de tu ciudad a ti y al hombre de Dios. Dios está en la casa, y serás renovada completamente por la música que hay en este lugar. Pero llama al hombre de Dios y dile que su visión es muy pequeña, y que su edificio es muy pequeño.»

El lugar erupcionó, y ella sintió en su rostro la presencia de Dios. Al día siguiente esta mujer vino y me preguntó si yo sabía quién era ella. Por supuesto, no sabía. Me dijo su nombre, y me contó que ella y su esposo habían sido ministros prominentes en Australia. «¿Lo sabía?», me preguntó. Le dije que no. «Le dije a mi esposo que usted no sabía», dijo ella. Entonces testificó sobre la exactitud de la palabra y del ánimo que les trajo, y me agradeció por mi obediencia.

Cuando regresé a mi cuarto, me arrepentí ante el Señor. «¿No te lo dije? *¡Casi te lo pierdes!*»

Quiero decirte que hay cosas que el Espíritu de Dios desea para ti. Hay cosas que Dios quiere que hagas, y tú estás en una decisión de medio segundo, según la cual puedes caminar en la voluntad de Dios o retraerte con temor.

Poseer la promesa significa: «No me preocupa, diablo, cuánto puedas empujar. No me preocupa lo que hagas. No me puedes sacar afuera de esto. No harás que me arrastre en un pozo. No saldré corriendo. No me volveré atrás. ¡Mi Dios me lo ha *prometido*!»

La mayoría de las veces dices estas palabras cuando todo está yendo mal. ¿Cuántas de ustedes saben que en ocasiones la vida solo parece tener mal olor? ¿Te has despertado alguna vez, y dicho: «¿Dónde está la abundancia de la vida cristiana?»? Sé honesta conmigo.

«¿Para qué lado está el infierno?»

Si vas a ganar, debes presionar hacia la dirección del infierno. Cuando analizo mi vida y la comparo con lo que la Palabra de Dios dice que se supone yo debiera tener, lo que debiera ser, y en lo que debiera estar caminando, encuentro que la razón por la cual no estoy en ese punto solamente puede ser atribuida a una de estas tres cosas:

1.- Los tiempos de Dios.
2.- El ataque del diablo.
3.- Pereza personal.

¡Y pensar que casi me lo pierdo...!

Cuando veo lo que Dios ha confiado a lo débiles hombres y mujeres que pueden decir «*Sí*» o «*No*», me hace amarlo aun más. Me hace tomar consciencia de mi fragilidad. Me doy cuenta de mi tendencia a decir: «Señor, hay otros que están mejor equipados. Ellos conocen la Palabra mucho más que yo. Tienen una mayor unción, habilidad y sensibilidad que lo que yo tengo.» Encuentro que muchas veces mi temor e inseguridad me retienen de obedecer a Dios.

Estoy cansada. Pienso que necesito algunas pasas de uvas con chocolate. Entonces, luego de ser fortalecida, ¡continuemos!

Ocho

Sé que no he llegado,
¡pero al menos ya he salido...!

FRECUENTEMENTE HAGO referencias divertidas sobre mis raíces pentecostales, y mi crianza en la iglesia haciendo cosas tontas. Recuerdo cuando mi papá tenía todas esas campañas para aumentar la asistencia en la escuela dominical. Teníamos galletas gratis para quienes se subían al autobús, chicles gratis los domingos, o el pastor podía comer un huevo crudo, en ropa de mecánico, subido al techo de la iglesia el domingo a la mañana. De vez en cuando está bien reírse de alguno de los trucos publicitarios que eran usados.

Aun así, siempre estaré agradecida por varias cosas de mis raíces. Estoy agradecida de haber sido enseñada en aquellos tiempos en que podías decir que el venir a Jesús no era algo «de medio tiempo»; le dabas tu vida entera. Él era todo. Jesús era el Señor. Este caminar no era para cristianos fortuitos. Otra cosa de mis raíces por la cual estoy agradecida es que tú estabas adentro o afuera del Reino. No podías caminar en algún lugar en el medio; no podías estar con un pie de cada lado de la cerca.

Una de las cosas que entristece al Espíritu Santo es que

hay muchos que tienen un pie en el Reino de Dios y otro en el mundo.

El llamado de Dios está *pendiendo* sobre ti. Jesús está diciendo: «No te pido que camines en forma idéntica a como yo lo hice.» Si bien Él fue un hombre, es el Hijo de Dios. No te está pidiendo que vayas a la cruz y pagues el precio que Él pagó. Nos prometió que podríamos hacer cosas más grandes que las que Él hizo. Si queremos esa clase de poder, debemos tener esa misma dedicación hacia Él. Debemos *abandonarnos y darle paso* a Él.

Si no conoces a Jesús, quiero decirte que Él está loco por ti. Está absoluta, salvaje y locamente enamorado de ti. No te está reteniendo, sino que dice: «Ven a mí. Ven a mí; quiero cambiar las cosas para ti. Te amo y quiero levantar tu carga. Quiero bautizarte. Cambiaré las circunstancias y situaciones que rodean tu vida.» Si estás viniendo del nivel cero, necesitas hacer un pacto ahora.

Algunas de ustedes son sólo 30%. Esa es la primera valla que debes cruzar. Eres una cristiana de domingo a la mañana, cristiana de dos horas. El problema es que si eres solamente un 30%, el 70% restante permanece allí donde el enemigo está tratando activamente de hacerte regresar. Serás una creyente miserable, porque tendrás lo suficiente de Jesús para saber que debes hacer lo correcto, pero no lo suficiente de Él como para tener una vida gloriosa y victoriosa.

También hay cristianos de 60%. El problema es que el 40% de la carne no santificada permanece aún en ellos. Tienen un poco más de Dios; pagan sus diezmos y hasta van a la iglesia los miércoles por la noche. Pueden tener unos pocos casetes de alabanza y adoración entremezclados con el nuevo disco compacto de Kenny G y otros de origen secular.

Están caminando en redondo y se preguntan por qué el diablo los está bombardeando. «¿Por qué es tan difícil?» Se asemejan a aquellos creyentes que son atrapados continuamente por el diablo. Todavía existe ese 40% de ellos que no ha sido comprometido ante el Señor.

Amo sentarme frente a mi piano, sacar el viejo himnario y cantar: «Cuando Él me guíe, fiel le seguiré; iré con Él, iré con Él todo el camino.» Luego canto: «Iré con Él a través del jardín.»

¿Sabes quiénes tienen la unción hoy en día? ¿Conoces a quiénes Dios está levantando en estos días? A Aquellos que han dicho: «Dios, toma toda mis posesiones terrenales. Son tuyas. De cualquier forma. No significan nada para mí; son simplemente cosas...» Si te pareces a mí, hay algunas áreas en las cuales estoy 100% en Dios; en algunas estoy por el 60%, y en otras, en el 30%. Seré la primera en admitir que no soy 100% todo el tiempo. Hay áreas en mi vida con las que Dios está luchando y hablándome. Está tratando de hacer su obra en mí.

Los cristianos 100% en Dios

En la última valla están los del 100%. Son las personas santas 24 horas al día. No conozco mucha gente de esa clase. El hermano Arthur Burt es el único que conozco que realmente cabe en esa descripción. Él puede mostrarse en un lugar, pero no sabes cómo en verdad llegó allí, y ni aun sabes cómo se fue. Supo ser asistente de Smith Wigglesworth. Viste los mismos pantalones celeste que compró en 1968. Continúa usando esos pulóveres con cierre adelante, de los que usaba tu abuelo. Usa una insólita pandereta, y levanta y baja su brazo. No obstante, es de Jesús desde la punta de sus cabellos hasta la punta del dedo gordo del pie. Él ya ni pelea con el diablo.

Le dije que necesitábamos batallar. Él dijo: «Cathy, necesitas pasar a una marcha más elevada. Estás manejando "en segunda". Tú llegarás, pero yo lo haré antes.»

Personalmente debo tener todo planeado, cada hora de cada día. El hermano Arthur simplemente camina alrededor sirviendo a Dios. Si sabes que no eres 100% en ciertas áreas, no necesitas que nadie te lo diga; tú lo sabes. Todos los que han pasado la valla número dos conocen qué es aquello que los retiene de ser 100%. Es cómodo estar en un 60%, porque hay un poquito de bendición. Hay algo de gloria. Podemos cantar y alabar a Dios. Podemos ver que Dios nos honra un poquito. Hay algo de bendición.

De todas formas, el trabajo del profeta es mantener sonando el ruido en tu oído, de que tu Dios está requiriendo algo de ti. Él quiere que hagas algo más grande de lo que jamás hayas hecho, ser alguien más grande de lo que jamás hayas sido, y dar un poquito más de lo que jamás hayas dado.

Para permanecer en lo sobrenatural debes alcanzar más allá de la última valla. Esto es llamado la valla mental. Es lo que llamamos el cuidado y pasión por este mundo. «La que cayó entre espinos, estos son los que oyen, pero yéndose, son ahogados por los afanes y las riquezas y los placeres de la vida, y no llevan fruto» (Lucas 8.14).

Recuerdo aquellos días en que ni soñando trabajaríamos un domingo a la mañana. El domingo fue un día santo para el Señor. «Bueno, Cathy, estamos en otra época. Tú no entiendes.» No puedes ni arrepentirte, a menos que Él te lo permita. Eso toma un acto de ayuno.

Solo unas pocas palabras sobre el ayuno

Quiero decirte algo acerca del ayuno, para que no te sientas mal. Él se complace con cualquier cosa que le des. ¿Cuántas veces has dicho: «Ayunaré por tres días»? Luego, cuando son las 11:00 de la mañana del primer día de tu ayuno, estás en la cocina y de repente comienzas a sentirte mareada.

Tú escuchas que el Espíritu Santo te dice: «Necesitas una galleta de chocolate.»

Tú dices: «De acuerdo, Dios; no quiero hacer esto, pero siento que deseas que lo haga.» Entonces terminas con

Sé que no he llegado, ¡pero al menos ya he salido...!

migajas negras sobre tu cara. Estás allí, sabiendo que te comiste esa galleta, y toda esta condenación te dice: «¡*Qué miserable cristiana eres! ¡No puedes hacer ayuno ni por un par de horas!*»

Mi papá y yo frecuentemente bromeamos diciendo que ayunaremos entre las 11:00 y las 11:30. Ríete si lo quieres, pero Dios aprecia el esfuerzo que le diste (aun si fueron solamente treinta minutos).

Quiero decirte algo que viene del corazón de mi padre. Tal como Él nos dice que debemos ser con otros, así es Él contigo.

Algunas de ustedes tienen la imagen de Dios parado allá en el Cielo, con un látigo en la mano, listo para hundirlo en tu cabeza porque está furioso contigo. No obstante, un latigazo nunca salvó a nadie. Es la bondad del Señor lo que hace que alguien se arrepienta. Hay niveles de posición en la eternidad, y seremos recompensados por lo que hagamos en la tierra. Dios está diciéndonos que nos quiere valientes. Nos está adiestrando para ser valientes en su ejército, puesto que Sión nos está llamando a un lugar más alto.

Cuando leo en la Palabra, para mí es obvio que no está hablándole a los perdedores. Eso no contempla las fallas. Puedo confiar en Dios. Si un hombre justo cae siete veces, pero luego se levanta, Él no lo derribará completamente, sino que lo levantará con su mano.

Jesús puede usar a un cristiano de 30%, puede usar a uno de 60%, pero es en la tercer valla donde el diablo te enredará con distracciones. Un secreto que he descubierto en mi vida es que no son las grandes montañas las que te dan los mayores problemas, sino todas las pequeñas colinas. Puedo reconocer las montañas, pero con frecuencia no reconozco las colinas hasta que están delante mío. No las veo venir.

Cuidado con las distracciones del diablo

Si el diablo viene y me dice: «Mira ese trabajador de la construcción allá afuera, sacándose la camisa y tomando una Coca Cola; mira que excelente pecho. Mira esos pectorales tipo Tarzán.» Instantáneamente sabría desecharlo. (Aunque podría darle un rápido vistazo; al menos una vez.)

Mi esposo cumplirá cincuenta este año. Él es *mucho* mayor que yo. Mientras caminábamos alrededor de la piscina del hotel cierto día, vestidos en nuestros trajes de baño, le dije que le iba hacer una gran fiesta. Él dijo que no quería una fiesta.

Traté de animarlo, y entonces le dije que Arnold Schwarzenegger acababa de cumplir los cincuenta, «¡Y míralo...!» Mi esposo se detuvo, me miró y dijo: «¡Muchas gracias!» Le dije que no había querido decir gran cosa con ese comentario. «¡Sólo estaba mostrándote lo que podrías ser a los cincuenta!»

Él me dio «esa» mirada y dijo: «Me vuelvo a la habitación.»

El diablo podrá enredarnos con distracciones. Ahí es donde entra lo engañoso de las riquezas y el amor al dinero. Serás distraída por cosas; cosas hermosas. Satanás tratará de encontrar algo bastante atractivo para mantenerte fuera del 100% para Dios.

No solo tú lo quieres, sino que Dios también desea que seas 100% para Él. El objetivo del diablo es neutralizar la Palabra que está en ti. Usará el engaño de las riquezas y la presión financiera para sacar la Palabra de ti, y entonces dirás: «Está bien, pero no sé cómo pagaré las cuentas.»

Dios quiere llevar a algunas de ustedes en viajes misioneros. Él quiere usar a otras para financiar viajes misioneros. Te está llamando a un lugar más alto. Las presiones financieras tienen la habilidad de cambiar al hombre. Sin embargo, cuando Dios comienza a bendecir tu habilidad

114

de dar, esto te cambiará. Cambiará la forma en que te sientes acerca de ti misma. Sólo recuerda que Jesús es tu verdadero tesoro. Cuando el dinero llega, algunas de ustedes son distraídas. Debes separarte a ti misma del *glamour* y la presión del dinero, de las inquietudes y otras ansiedades asociadas con lo temporal. Si hemos aprendido algo, sabemos que todas esas cosas pueden desvanecerse en solo un momento.

Recuerdo un pequeño poema que acostumbraba recitar cuando era una niña: «Sólo hay una vida, y esta pasará pronto. Sólo lo que fue hecho para Cristo permanecerá.» Sepárate a ti misma. Haz tiempo para estar a solas con Dios, y orar, crecer y extenderte. Jesús dijo que daría lo más grande a quienes pueden administrar lo que ya tienen.

Sí, pero... ¿puede Dios confiar en ti?

Creyentes tras creyentes han clamado en el altar: «Señor, quiero más.» No obstante, si los siguieras durante la semana, los escucharías quejarse de lo que ya tienen. Con un mayor aumento de unción, mayor es la bendición.

Dios no puede confiar a algunas de ustedes una gran bendición financiera porque perderían vuestra sencillez. Serían distraídas. No se darían cuenta completamente de eso, pero Él conoce los lugares secretos de sus corazones.

Nuestro Dios nos dice que Él le da más a quienes mejor administran lo que ya tienen. Él no está reteniéndola *de* ti, sino guardándola *para* ti. Por tanto, haz espacio para una gran bendición. Si estás haciendo eso, entonces también debes hacer espacio para una mayor responsabilidad. Una cosa implica la otra.

Mi esposo y yo miramos a nuestra preciosa hija Jerusha y pensamos en aquella canción «Besos de mariposa.» Debemos haber hecho algo bueno. Randi y yo la miramos y nos maravillamos. Ella tiene un espíritu muy inocente hacia las cosas del Señor. Nunca se ha rebelado o levantado su puño contra nosotros.

Dije eso para introducir lo siguiente: ella tiene un auto Mazda. Cuando está conduciendo y yo soy el acompañante, es capaz de llegar hasta el parachoques del auto de adelante antes de frenar. Yo comienzo a estirar mi pie y golpear el piso de mi lado, apretando un freno inexistente, mientras exclamo: «¡Jesús, ayúdame!»

Le he gritado que aminore la marcha y que no frene de golpe. Ella dice: «¡Madre, me pones muy nerviosa! Papá no me pone nerviosa. Él dice que tú eres la clase de conductora que causa accidentes porque paras un kilómetro antes de lo debido.» Es cierto; soy la clase de madre que le dice que trate de no tocar bocina ni mirar fijo a la gente en los otros autos, porque pueden estar locos y tener un arma.

Un día Jerusha estaba llegando tarde de la oficina. No la podía ubicar ni en la oficina ni en el teléfono de su auto, y me estaba preocupando. Cuando finalmente entró por la puerta, sus ojos estaban rojos de llorar. Yo estaba sentada en mi cama, y todo lo que dije fue: «¡¿Qué pasó?!»

Ella corrió sobre mí y me dijo: «¡Tuve un accidente! Choqué a alguien de atrás. ¡Sólo fue el parachoques!»

Salí y miré el auto. El motor estaba en la parte trasera. Algo emergió en mi interior. Quería gritar: «*¡Justamente ayer te dije que tuvieras cuidado de no meterte en la parte de atrás de los otros autos! ¡¿Quién va a pagar por esto?! Tenemos un deductible, ¿sabes?*»

Antes de que pudiera decir todas estas cosas, ella se tiró a mis pies y comenzó a sollozar. «Mami, ¡estoy tan apenada...! Sé que estaba equivocada. Por favor, perdóname. Haré lo que sea necesario. Trabajaré sin paga. Conseguiré el monto del deductible. Haré cualquier cosa que me pidas.»

Todo lo que estaba amontonado en mi garganta listo para salir, perdió su sentido, porque Jerusha se arrojó sobre mí, apeló a mi misericordia y se arrepintió. Todo lo que hice fue poner mis brazos alrededor de ella y confortarla. Comenzamos a orar en el Espíritu. Yo agradecí a Dios por protegerla. Resistimos el espíritu de temor.

Entonces dije: «¿Qué fue lo peor en este accidente?» Ella dijo: «Creo que fue cuando estaba en la avenida principal, inmediatamente después del choque, y todos pasaban y me miraban... Creo que esa fue la peor parte.» Randi estaba fuera del país. Después de haber estado orando, Jerusha dijo: «Mami, ¿piensas que es realmente necesario contárselo a Papá?» Le dije que él era el sacerdote mayor de nuestra casa, y su padre. Ella dijo: «Pienso que el Señor me dijo que podríamos tener el auto arreglado antes de su regreso.»

Ella no le contó a su padre acerca del accidente cuando él llamó. Su excusa fue que sus manos comenzaron a transpirar y su boca a secarse. Dijo que tomó esto como una señal del Señor para que no dijera nada. Según dijo, no quería poner otra carga en él mientras estuviera afuera, ministrando en el campo misionero. Otra señal.

Llegado el momento, ella se lo contó. Estaba contenta porque, según me dijo más tarde, «él no estaba muy enojado».

Así es como ocurre con nuestro Padre celestial cuando nos ponemos debajo de su misericordia. Descubrimos, para gran sorpresa nuestra, que «Él no estaba muy enojado». Nos ama demasiado para eso.

El llamado de Dios hacia un nivel más alto

En Lucas 15 leemos acerca del hijo pródigo. Sé que has escuchado muchos sermones sobre este pasaje, no obstante quiero compartirte mi forma de ver en esto, asociado al llamado de Dios a nosotros hacia un nivel más alto en Él.

El hijo pródigo no carecía de cosas. Todo lo que el padre tenía era suyo. De igual forma sucede con el príncipe Carlos de Inglaterra; como hijo de la reina, tiene cualquier cosa que desea. En el tiempo en que estaba de novio, él quiso comprarle algo a Diana en un partido de fútbol. No tenía el cambio necesario puesto que nunca lleva dinero consigo. Siempre tuvo quien se ocupara de lo que él deseaba. (Leí esta historia en una revista, y sé que es verdad. Si no puedes confiar en el *National Enquirer*,* ¿en quién puedes confiar?) Carlos no era un hombre pobre; era muy rico. Sólo que no firmaba sus propios cheques.

El hijo pródigo tampoco fue pobre. Fue muy rico. Su padre no era tacaño. Cuando el hijo le pidió su porción, el padre se la dio. La diferencia está en que el hijo pródigo no tenía control sobre su porción.

Una de las cosas que te será de impedimento para llegar a ser de 100% es cuando insistes en tener el control. El pródigo quiso el control; no quería dejarlo en manos del padre.

Después de dejar la casa de su padre, por un corto tiempo continuó actuando como si siguiera teniendo todas las cosas. Hay algunas de ustedes cuyo corazón está lejos del Señor. Tal vez inclusive van a la iglesia, alaban y adoran. Levantan y balancean sus manos en el aire porque les gusta la música. Sin embargo, ya hace un buen tiempo que dejaron la casa del Padre y han tomado control sobre sus propias vidas.

Recuerdo un tiempo en mi vida cuando dejé de obedecer a Dios. Sabía que estaba viviendo por pura gracia. Dios estaba bendiciéndome, pero yo sabía que si no dejaba de hacer lo que estaba haciendo y regresaba a su obediencia, toda la gracia que estaba viniendo se iría en un momento, repentinamente.

Hay un tiempo en que podemos andar en la misericordia extendida de Dios, pero si no regresamos a la casa del Padre todo se terminará. Algunas de ustedes están caminando en la gracia de Dios, pero saben que hace rato ya dejaron de obedecerlo. No están caminando en el 100% que Él las ha llamado a andar.

---

* National Enquirer es una publicación de «prensa amarilla» de los Estados Unidos, que se ocupa, mayormente, sobre el mundo de la farándula.

La parte triste es que el hijo pródigo retornó al hogar después de haber habitado con los cerdos. Como judío, eso era lo más bajo que podía llegar a hacer. En su espíritu independiente, él escogió su propio camino sin considerar lo que finalmente podría significar para él. Decidió regresar al hogar. Su padre tomó uno de los terneros más engordados para matarlo y prepararlo en su honor, le puso una túnica y un anillo, y brindó una gran fiesta. No obstante, nunca he leído si ese hijo recibió otra herencia.

Dios nos es fiel. Grande es su fidelidad. Él nos ama y nos recibe nuevamente. No obstante, leemos en su Palabra que en cierta ocasión un rey había caído, y que nunca fue restaurado a su lugar de reinado otra vez.

Hemos visto a muchos en el cuerpo de Cristo a quienes les es dado un gran honor. Ellos dejaron la casa del Padre y anduvieron por un tiempo en la gracia de Dios. Luego su mundo entero se derrumbó. Aunque muchos de ellos han sido restaurados al ministerio, sus nombres siempre estarán asociados a la vergüenza, el reproche y la deshonra.

Una palabra de advertencia

Creo que hay una palabra de advertencia para algunas de ustedes que han dejado que las cosas se deslicen. El Espíritu del Señor las está llamando a un lugar más alto. Creo que hay una palabra de ánimo para ustedes; se encuentran en una encrucijada y deberán decirle *sí* o *no* ahora. Tendrán que decir: «Señor, continúo», o «Señor, viviré como un cristiano de un 60%, y me quedaré donde actualmente estoy.» Hay áreas de tu vida en las que debes parar de decirle: «Puedes tener esto, esto y esto, pero no te atrevas a tocar *esta* área. Me reservo el derecho de *tenerla* para mí.»

¡Oh, si pudiera conocerlo, y el poder de su resurrección! Pero sólo puedo tener *compañerismo* con Él en sus padecimientos.

Sión te está llamando a un nivel más elevado. Declara que nunca serás la misma. No me importa si has caminado con Jesús por mucho tiempo o si es la primera vez que escuchas sobre Él; la voz del profeta está sonando en tu oído.

El Señor dice: «Tengo más para ti. Debes venir a mí con mayor frecuencia. Si quieres lo que nunca antes has tenido, tendrás que hacer lo que nunca antes has hecho.» Eso comienza dedicándole *todo lo que eres* a Él.

Nueve

¿Qué me quieres decir con «mi arroyo se ha secado»?

LA MISMA PALABRA que Elías profetizó no trajo solamente falta de lluvia sobre la tierra, sino que también hizo que las provisiones se terminaran.

> «Y los cuervos le traían carne y pan por la mañana, y pan y carne por la tarde; y bebía del arroyo. Pasados algunos días, se secó el arroyo, porque no había llovido sobre la tierra.»
> —1 REYES 17.6,7

¿Alguna vez te ha dado Dios una palabra que decía: «Voy a usarte. Predicarás y ministrarás, y pondré recursos económicos sobre tus manos.»?

¡SÍ! Pero la próxima cosa de la que tomas conocimiento es... tu arroyo se ha secado. ¿Qué es lo que tienes? Las cosas empeoraron en lugar de mejorar. Todo fue de la forma contraria a lo que había sido dicho. *¿Qué clase de Dios es este?* Él envía al profeta a un lugar de seguridad y provisión; luego permite que todo se seque.

Dios hace eso, ¿sabías? Nos lleva a lugares, trabajos, situaciones, gentes y hasta negocios en nuestras vidas por temporadas. Luego, de pronto, encontramos que estamos en una batalla. Precisamente cuando creemos que Dios hará todas las cosas, nuestro arroyo se seca. ¿Te ha sucedido alguna vez que Dios haya sabido algo que nosotros ignoramos? Él sabe que si no lo hace secar, nosotros permaneceremos allí y lo adoraremos en ese arroyo. Sabe que, a menos que seque el arroyo, nunca seguiremos adelante, hasta el siguiente lugar que tiene preparado para nosotros.

El arroyo le proveyó agua fresca a Elías por cierto período. Era la perfecta voluntad de Dios para él... por un tiempo. Sin embargo, no era algo para siempre.

El tiempo de la restauración es ahora

La profecía nunca quedará fuera de moda. Alguien me dijo: «Sí, conozco todo acerca de la profecía. Estuve en eso por algún tiempo, y ahora estoy haciendo otra cosa.» La profecía es el corazón y la mente de Dios, hablados a través de la boca de sus profetas. No quedará fuera de moda.

> *«He aquí, yo os envío el profeta Elías, antes que venga el día de Jehová, grande y temible. Él hará volver el corazón de los padres hacia los hijos, y el corazón de los hijos hacia los padres, no sea que yo venga y hiera la tierra con maldición.»*
> —MALAQUÍAS 4.5,6

Para todos ustedes padres que tienen hijos de otro matrimonio, y cuyos niños están crecidos, les profetizo que están a punto de ingresar en una maravillosa hora en la Iglesia del Señor Jesús. Aquellos de ustedes que han orado, permanecido y creído, están por ver la restauración de los hijos desarrollados. Los verán regresar al Señor. A aquellos cuyos miembros de la familia no se han hablado por mucho tiempo, les profetizo que habrá una restauración de las familias.

El ministerio de Elías es de restauración. Esta es la época de la restauración. Dios está restaurando la Iglesia.

Jesús fue el Elías más grande. El espíritu de Elías es una palabra profética ungida. ¿Qué significa esto?

La mayoría de ustedes saben que la primera bebé que adoptamos, Hannah Ruth, es negra. Un día una intercesora vino a mí y me dijo: «El Señor me habló y me dijo que orara por Hannah.» Pensé que se refería a una amiga mía. Pero ella dijo: Dios tiene una palabra para Hannah Ruth *Lechner*.

Y aquí está lo que esa intercesora dijo: «Mientras comenzaba a orar por Hannah, la vi como de 10 años de edad, parada, predicándole a las naciones asoladas por la guerra, profetizando la Palabra del Señor. El Señor me dijo que ella es especial, y que tiene su mano sobre ella. Es por eso que es tan avanzada para su edad.» ¡Gloria!

Dios usará a nuestros niños a edades jóvenes, para que no tengamos que esperar. Aquellas de ustedes que están confiando en Dios para sus adolescentes, no deberán pasar por los difíciles años de los jóvenes rebeldes si hacen lo correcto. Creo firmemente en la disciplina a los niños. (Tengo una hija de 20 años que es una muestra viviente que eso funciona.)

El espíritu de Elías

¿Qué clase de hombre era Elías? La Palabra dice que el espíritu —la unción— de Elías estaría hoy en día sobre la tierra. No conocemos nada acerca de Elías antes de lo que se menciona en 1 Reyes 17.1: «Entonces Elías tisbita, que era de los moradores de Galaad, dijo a Acab: Vive Jehová Dios de Israel, en cuya presencia estoy, que no habrá lluvia ni rocío en estos años, sino por mi palabra.» Sin embargo, desde ese momento tenemos un cuadro claro del carácter de Elías. Él emerge como un hombre que se planta firme por la verdad. Habla la verdad y proclama enfáticamente la Palabra del Señor, mientras el Espíritu lo dirige a hacerlo.

Este ardiente profeta marcha ante Acab y comienza a profetizar la Palabra del Señor, no importa lo que pudiera sucederle como resultado. Supongo que debes tener una vívida imaginación para que eso llegue a ser excitante. Si bien no conocemos nada acerca de su trasfondo, sabemos por las Escrituras que Elías anduvo sin temor delante del rey, y comenzó a profetizar juicio. He aquí un hombre que no padecía temor ni timidez.

Aquello que puede retenernos a ti y a mí de caminar y adelantar en las cosas del Señor, es el espíritu de temor y timidez. Algunas excusas son: «No quiero hacer, porque temo lo que dirán...», o «Soy muy viejo, muy joven, muy flaco, muy gordo, muy alto. No puedo caminar muy bien; tal vez otra persona deba hacerlo...»

Desde ya, hay algunos profetas quienes están «fuera de balance» y actúan irresponsablemente. Pero como regla general, nosotros los profetas tenemos más temor de *abandonar* que de ser enfáticos como Elías.

Cuando Randi y yo estábamos pastoreando, decidí tener una conferencia para mujeres. Esto fue antes de que tales conferencias fueran tan populares y frecuentes. Formamos un comité, sabiendo que sería un real paso en fe. Me recosté en la cama pensando si seríamos capaces de hacerlo, en lo referente a finanzas. Oré: «Señor, no quiero desagradarte. No quiero ser frívola y derrochar tu dinero.

El Señor me habló y dijo: «Cathy, yo lo poseo todo. Prefiero que me digas *sí* por fe, y no que digas *no* por temor.» Supe, entonces, que es la fe lo que agrada al Señor y no el temor.

Desconocemos qué fue necesario para preparar a Elías. Dios le confió una gran tarea de honor. Él se paró delante de sus montes sin temor. En la cima de los montes había 500 profetas de Baal, quienes intentarían cualquier clase artimaña para que el corazón de la gente se alejara de Dios. La tarea de Elías era mostrar el poder de Dios en forma abierta, para que todos lo vieran.

La escuela de Dios

Una completa intrepidez y confianza en el Señor es lo que Él busca. Algunas de ustedes escuchan las noticias todas las noches y están espantadas. Por eso le aseguro a mi madre que las puertas de mi auto se traban automáticamente. Siempre está recordándome que las trabe, que mire adelante cuando manejo, que lleve conmigo el teléfono celular todo el tiempo, que use ropa interior limpia, por si acaso ocurre un accidente, y que recuerde no hablar nunca con extraños. Eso es lo que llamo espíritu de temor. Dios está yendo tras ese espíritu de temor. Quiere reemplazarlo con un espíritu de audacia.

Necesitamos estar en la «Escuela del Espíritu». Es ahí donde cada confianza en la carne es cortada. Debemos permitir que Dios realice una cirugía en nosotros y quite todo aquello en lo cual hemos confiado en el pasado.

Conozco de primera mano el trato de Dios en una vida. Lo llamo el «meollo del trato de Dios». A todos les gustaría hacer cosas grandes y poderosas para el Señor, pero ¿cuántos se ofrecerían a comenzar limpiando los baños y los pisos de la iglesia? La forma en que advenimos a la grandeza en el Reino de Dios es a través de la humildad y el quebrantamiento.

En ocasiones debemos llegar arrastrándonos, o nos golpearemos nuestras cabezas. Debemos decir: «No me importa si llego a ser famoso alguna vez; me es indiferente si nunca viajo a ningún lado o si nadie conoce mi nombre. Todo lo que quiero es caminar de una forma que te agrade, y escuchar que dices: "Bien hecho, buen siervo y fiel."»

Antes de que Dios pueda llevarnos delante de los faraones y los *acabs* del mundo, siempre debe haber un período de preparación en oscuridad. Debe haber un tiempo de preparación el cual se parece a «todo lo que hago es morir; todo lo que hago es entregarme. Siempre soy la última; tengo que empujar toda la carga. Tengo que hacer todas las oraciones. Esta familia ni siquiera iría a la iglesia si no fuera por mí. Soy la única. Doy, doy y doy, pero nunca nadie viene hacia mí y me da dinero. Simplemente, no entiendo.»

Aun Jesús tuvo que caminar a través de esos lugares. Excepto por su nacimiento y su celebración del «bar mitzvah», no leemos nada acerca suyo sino hasta que tuvo 30 años de edad. Hasta entonces, vivió con María y José en Nazaret, en una relativa oscuridad, y me imagino que midió y cortó maderas, fue a buscar agua, e hizo todas las cosas de la vida que se esperaban de él como un muchacho en crecimiento.

El Espíritu del Señor puede usar muchas cosas de la vida para prepararnos. Él puede usar nuestros matrimonios, ministerios, fallas, finanzas y hasta el trabajo que odiamos totalmente, ese al cual tenemos que ir todos los días. Estamos clamando al Señor: «Señor, ¡líbrame de este lugar!», pero Dios está usando las mismas cosas que no toleramos para formarnos y conformarnos a la imagen de Cristo. Eso es llamado: «El papel de lija del Espíritu Santo.»

Después de haber ido a la escuela de Dios, Elías se paró delante de Acab y profetizó con énfasis la Palabra del Señor:

> «...y Acab hijo de Omri hizo lo malo ante los ojos de Jehová, más que todos los que reinaron antes de él. Porque le fue ligera cosa andar en los pecados de Jeroboam hijo de Nabat, y tomó por mujer a Jezabel...»
>
> —1 REYES 16.30,31

Como si Acab no tuviera suficientes problemas, se casó con Jezabel. Mucha gente piensa que el problema de ella era que usaba mucho maquillaje. ¡En absoluto! Su problema radicaba en que era una mujer manipuladora y controladora. Ella dominaba, manipulaba y controlaba usando las emociones y las intimidaciones, a fin de lograr lo que deseaba.

Si serás usada por Dios, no puedes tener esa clase de

espíritu. ¿Sabes lo que el espíritu de Jezabel puede ser, disfrazado de muy dulce? Acab fue el peor entre todos los reyes que lo precedieron. Jezabel, con una sola mano, mató a todos los profetas en la tierra. ¿Sabes por qué? ¡No podía dejar en pie a nadie que hablara la verdad! Esa es una característica fuerte del espíritu de Jezabel.

¿Cuántas veces has escuchado a alguien decir: «Anda con pie de plomo en tu trato con ella, porque si te le cruzas, hay un infierno que padecer.»? Y no son solamente las mujeres las que poseemos ese espíritu de Jezabel. Hay muchos hombres que también lo tienen.

He estado en servicios donde la palabra profética ha sido dada con tal enojo que pensé que el profeta golpearía a la persona. Era como si estuviera administrándole la ira divina a la pobre alma. ¿No sabe él que está escrito *«porque de tal manera amó Dios ... que dio...»*? Las palabras clave son *porque de tal manera amó Dios*.

¡Regresemos al intrépido Elías! Se puso delante del rey más malvado que jamás había existido. Acab hizo más para provocar a Dios que la suma de todos sus antecesores. Había 7000 creyentes fieles, quienes no doblaban sus rodillas ante Baal, pero Elías era el único profeta que quedaba. Jezabel había matado al resto de ellos.

Aunque Acab era corrupto desde lo más profundo de su ser, Dios le envió a Elías. Algunos de ustedes pueden haber dicho: «¡Seguramente Dios no quiere que permanezca en este apestoso trabajo! Esta gente es muy pagana», o «¡Dios no puede esperar que viva con esta persona! Es demasiado malo.» Pero, ¿por qué supones que Dios ha permitido que permanezcas donde estás? ¿Podría ser a fin de que seas un testigo suyo?

Las primeras palabras de Elías fueron: «Vive Jehová Dios de Israel.» Creo que toda la vida de Elías estaba basada en esta declaración.

Para que caminemos en lo que Dios nos tiene preparado, debemos determinar de una vez por todas esto: «Porque Él vive, vive *en* y *para* mí. Él está preocupado con cada detalle de mi vida. Él me ama. Me está restaurando. Permanezco arropada en el Padre, el Hijo y el Espíritu Santo. Estoy en la unción y puedo hablar enfáticamente de lo que hará, porque Él ya ha pagado el precio por mí.»

Elías no estaba siendo arrogante. Caminaba tanto en audacia como en humildad. Él dijo: «Moriré —solamente *sé* que voy a morir.» Sin embargo sabía que no sería él quien le hablaría a Acab, sino *Dios a través suyo*.

La formación de una vasija como Elías no se termina en un día, semana o en una conferencia. Me gustaría decirte en voz alta: «Sé que no hemos arribado, pero al menos hemos comenzado.»

Primera Corintios 6.17 dice: «Pero el que se une al Señor, un espíritu es con él.» Si Elías no hubiera estado unido al Señor, no habría podido obedecer sus instrucciones.

Pero después de esta experiencia en la cima de la montaña en la cual él había hecho descender fuego de los cielos, y exterminado a los profetas de Baal, Elías estaba exhausto. Algo por lo cual él no hubiera hecho que su rutina se interrumpiera —la amenaza de muerte por parte de Jezabel— hizo que corriera al desierto.

La Palabra nos dice que Elías fue alimentado ahí por cuervos. Esos pájaros que comen basura fueron enviados a hacerse cargo de su hambre. Él podría haber dicho: «Esos pájaros son sucios, por lo tanto no pueden ser de Dios.» Hasta puede haber pensado: «*Es un complot satánico para destruir mi vida.*»

Asombrosa intrepidez

¿Ha usado Dios alguna ves algo imposible para confrontar tu temor? Una joven mujer en una de mis reuniones me dijo: «Cathy, la primera vez que usted vino a nuestra ciudad nos ministró. Nos dio una *asombrosa* palabra. Nos fuimos regocijando todo el camino hasta casa. La próxima vez que vino, profetizó: "Su trabajo no es tu fuente, y Dios dice 'Yo proveeré para ustedes.'" Me fui a casa y lloré por tres días. Estaba enojada porque por primera vez en nuestras vidas teníamos buenos trabajos, donde se nos pagaba muy bien. Finalmente estábamos sin deudas, y con capacidad para afrontar las cosas que necesitábamos. Dos semanas después, la compañía donde trabajaba mi esposo cerró. Perdimos nuestros trabajos. *La palabra del Señor que recibimos a través suyo nos sostuvo durante esos tiempos tan difíciles.*»

Hay muchas formas en que el enemigo puede elegir atormentarte. *¿Y qué si tengo que estar sola? ¿Y qué si Dios no...?* Vivirás a través de esas cosas, y Dios te mostrará su fortaleza en medio de todas ellas. Él te proveerá y mostrará sus bondades. Declaraste toda tu fe; dijiste las palabras correctas; permaneciste en la Palabra del Señor, y cuando abres tus ojos, nada de esto ha pasado. Pero, todavía está Dios en el centro de todo, y Él se muestra fuerte para ti. Él está más interesado en *cambiarte a ti* que en usarte para cambiar a cualquier otro.

Todos amamos la seguridad. Unos pocos años atrás teníamos una casa de dos dormitorios. Entonces convertimos nuestro garaje en un tercer dormitorio. Tenía niños pequeños trepando por las paredes. Parecía como si tuviéramos una guardería infantil. La casa era tan pequeña que casi que debías salir afuera si deseabas pensar. No podía poner mi escritorio en ningún lugar, porque necesitaba la habitación para un corralito de bebé y un columpio. Nosotros debíamos «cazar» la sillita alta para bebés cuando la necesitábamos, y los juguetes saltarines de los niños parecían guardados debajo de la mesa cuando no estaban en uso.

Alguien me profetizó que Dios nos proveería una casa grande. Creí en mi corazón que eso era verdad. Pero algo en mi interior quería permanecer en esta casa... mi seguridad. *«¿Qué si nos mudamos y el techo gotea?» «¿Y qué sucede si después del primer mes no me gusta la casa?» «¿Y si no podemos hacer los pagos?» «¿Y si..., y si..., y si...»*

Lo que no quería admitir era que me hallaba segura en mi pequeña casa. Por lo menos conocía todo lo que debía conocer acerca de esta. Hay algo acerca de la seguridad que nos lleva a desear permanecer en nuestra pasa de uva, cuando Dios tiene una sandía para darnos, si simplemente confiamos en Él. Yo tenía mi pasa de uva —mi pequeña casa. Pero sabía que tenía que dejarla ir para que Dios me diera la sandía —una casa más grande.

Dios nos está llevando a lugares en los que nunca antes hemos estado. Está agitando nuestro interior y trabajando ministerialmente. Está haciendo lo que nosotros le pedimos que hiciera.

Pero primero Él secará nuestra fuente. De manera que tienes una elección: puedes sentarte al lado del arroyo y decir: «Ato estas cosas satánicas. Cuando abra mis ojos, no estaré más en este estéril lugar, sino en un hermoso y verde valle, con agua.»

Puedes mirar fijamente a tu arroyo seco y profetizar hasta que tu voz se agote de que habrá agua allí otra vez. O puedes moverte en el Espíritu hacia el nuevo lugar que el Señor ha preparado para ti. Has estado atando y reprendiendo vez tras vez, y perdiendo la unción en el proceso. Esa fuente aún está seca. ¿Será posible que Dios esté en esto? ¿Cómo lo sabes? Por escuchar reiteradamente y obedecer. Dios no quiere que te concentres en la fuente para tu provisión. El deseo completo del corazón de Dios es que lo busques para toda tu provisión. Por lo tanto, no te concentres en ese trabajo, ministerio, provisión o en aquel que no ha cumplido su promesa.

No te concentres en la provisión. Llegado el momento, cuando la fuente se seque, Dios te dirigirá al próximo lugar de tu sustento. Él dice: «Levántate; tengo para ti una diferente provisión, ministerio, unción, diferente circunstancia, otra gente que te alimente, y otros lugares donde usarte.»

Viviendo en el límite

En ocasiones, el caminar esta senda de fe significa «estar colgando». Vivir en el límite de la fe es estar donde Dios tiene que venir o todos moriremos (¡al menos es así como *se siente!*)

Se me ha dicho: «Cathy: ¡tú no entiendes! Es fácil para ti porque estás en el ministerio y tienes un esposo cristiano.» ¿Coooómooo? ¡No lo creo! Se me ha dicho repetidamente: «Nuevos niveles traen nuevos diablos.» Cuanto más alto vas en Él, más dura es la batalla.

¿Qué es lo que Dios está secando en tu vida? ¿Qué has estado adorando? ¿Dónde has estado adorando? Puedes estar diciendo: «No puedo soportar más esta situación. Si no haces algo rápido, moriré.» Has estado adorando en el altar de tu matrimonio.

¿Por qué no decir: «Señor, voy a servirte, no importa si Juan te sirve o no. Te amaré aunque Roberto mire televisión todo el tiempo, y se enoje porque voy a la iglesia. Al menos uno de nosotros en esta casa va a ser feliz.» O, «Señor, me has estado hablando acerca del campo misionero. He estado esperando porque las finanzas han disminuido, y tengo cosas de las cuales ocuparme aún. Señor, te obedeceré ahora. Sé que proveerás»?

Quiero exhortarte a que permitas que el Espíritu de Dios encienta tu fuego hoy. Deseo que Él te agite en aquellas áreas en las cuales has estado desanimada. Puedes estar pensando: *«Cuando Dios haga tal cosa entonces iré, o cuando haga tal o cual cosa, entonces estaré en condiciones de ir.»*

La hora es *ahora*. Haz lo que Él quiere que hagas. Dile: «Señor, cualquier cosa que quieras que haga, haré. Si tu deseo es que permanezca en este arroyo por un tiempo más y te adore, mi respuesta es: "Sí, Señor." Si tu deseo es que me quede en casa y sea la mejor esposa y madre, y ame a esos niños y a mi esposo, mi respuesta también es "sí" para eso. Haré cualquier cosa que me pidas.»

Cualquier cosa que tienes ahora es lo que Dios pudo confiarte. Cuanto más le obedezcas, más caminarás con Dios, y más Él te confiará.

«¡Padre, queremos escuchar y obedecer!»

Diez

Corre a la batalla

«ESTOY BUSCANDO una voz. Sé que la desperdiciaste y que no has sido perfecta. Has estado ocupada y distraída, y has perdido tu tiempo de oración muchas veces. Pero sé que me amas y estoy buscando por una voz que hable en la tierra hoy día.»

Eso es lo que continúo escuchando decir al Espíritu del Señor vez tras vez.

Estaba en el estacionamiento del centro comercial, buscando un lugar cerca de cierta tienda para comprar un regalo de cumpleaños para Erin, mi secretaria. Me sentí fuertemente impelida a manejar hasta el otro lado de la tienda para estacionar allí. Mientras estaba intentando estacionar en ese espacio, sentí nuevamente la inquietud de que estaba en el espacio equivocado. Entonces me fui hacia otro lugar. Sabía que era un llamado de alerta del Espíritu Santo para mover mi auto, por lo que obedecí.

Mientras salía de mi auto noté que había una joven batallando para subir al suyo. Le pregunté si podía ayudarla, tal vez haciendo un llamado telefónico. Ella me miró y preguntó: «¿Es usted Cathy Lechner?»

Mi primera respuesta *iba a ser* «¿Es usted un inspector de impuestos, pretendiendo entrar en su auto para prenderme por algo? Si lo eres, vete a tu casa.»

Antes de que pudiera contestar, ella me dijo: «No puedo entrar en mi auto, y no puedo encontrar mi tarjeta de la Asociación de Automóviles para pedir ayuda. Alguien vino recién y me preguntó si necesitaba ayuda, pero me pidió 25 dólares.»

El Señor me habló y me dijo: «Dale 25 dólares.» Obedecí al Señor. Ella prometió devolverme esa cantidad, pero yo le dije que no, que Dios había arreglado este encuentro.

«¿Eres una reincidente?», le pregunté.

«Sí, lo soy. Acostumbraba ir a la iglesia, pero me alejé de Dios. Cuando me mudé dejé mi terapia y me involucré con un hombre.»

En aquel frío y ventoso estacionamiento, sostuve a esa jovencita en mis brazos y comencé a profetizarle la palabra del Señor. Me imagino que debía parecerle extraño a la gente que pasaba por ahí, viendo a una jovencita negra y una señora blanca, abrazándose y llorando en el estacionamiento de un centro comercial.

Ese día Dios estaba buscando una voz; alguien a quien no le importara parecer tonto en público, a fin de alcanzar a alguno de sus pequeños. Le dije a ella que hablaría en Ohio ese fin de semana, pero que estaría de regreso para ir a la iglesia, aunque debiera hacerlo directamente desde el aeropuerto. Estaría deseosa de hacerlo si ella tomaba la decisión de encontrarme allí y entregar nuevamente su corazón al Señor.

El domingo a la mañana estaba la muchacha allí, sentada en la parte de atrás de la iglesia, esperando por el llamado al altar. ¡Cuán emocionante fue caminar con ella por el pasillo! El Espíritu del Señor la tocó ese día en una forma muy especial.

Dios está buscando aficionados

No tienes que decir: «Así dice el Señor.» Todo lo que tienes que hacer es estar disponible para que Él te use. El clamor de Dios siempre ha sido: «Denme una viuda, un viudo, una divorciada. Denme alguien que pueda hablar por mí.» Dios no está buscando por profesionales. ¡Él está buscando aficionados! Esa es la categoría en la que encajo.

Mira, si esperas a llegar a ser profesional para servir como voz de Dios, tendrás tu propia forma de hacer las cosas, lo que excluirá la posibilidad de que el Espíritu Santo te use en cualquier clase de ministerio.

¿No desearías a menudo, que cuando Dios te llame y ponga sus manos sobre ti, recibir todo lo necesario para ser totalmente cambiada por el resto de tu vida? No más problemas con tu carne, no más problemas de encontrar tiempo para orar. Estarías siempre en una cuenta regresiva espiritual, lista para despegar. Tendrías todas las cosas juntas para el resto de tu vida.

Pero cuando Samuel ungió a David para ser rey, no fue algo que sucedió de un día para otro. Después de haber sido ungido por Samuel, David no hizo inmediatamente todo lo que Dios había planificado para él. Sin embargo, seguía siendo el ungido para gobernar a Israel. Pasaron diecisiete años antes de que las palabras que habían sido profetizadas por Samuel se cumplieran. (Esa es la parte en que yo tengo problemas. Cuando recibo una palabra del Señor, quiero que se cumpla en el mismo minuto en que paso por la puerta de la iglesia.) Pero Dios tenía que preparar a David para aquello que estaba destinado a ser.

El Ungido en el interior

Di en voz alta conmigo: «Estoy ungida porque el Ungido

está conmigo.» A Él no le importa cuántas veces hayas fallado. No le importa si te paras en la iglesia y dices cuán maravillosas cosas Dios ha hecho en tu vida, para al día siguiente echar todo a perder nuevamente. El Ungido está contigo, no importa que hayas sido creyente por dos días, dos años o doscientos años. El Ungido está contigo.

Cada uno tiene su propia batalla personal. A veces el Señor traerá una crisis en tu vida sólo para llevarte a un lugar más cercano a Él. Hay muchos hombres y mujeres de Dios que pueden mirar hacia atrás a una crisis particular en sus vidas, y recordarlas como el momento donde sintieron la mayor unción.

De la forma en que manejes tu crisis dependerá de cuán lejos serás capaz de ir en el Espíritu. ¿Has enfrentado alguna vez una crisis que hayas manejado en forma errónea? Puedo mirar para atrás a las batallas que debí enfrentar, en las que tuve que decidir el camino a seguir. Muchos de ustedes están en una batalla por sus matrimonios, niños, ministerios, finanzas o negocios. Están desanimados y quieren retirarse o salir corriendo. Tienen que orar y decidir qué camino elegir, puesto que el deseo que tienen es ser obedientes.

Así era cuando yo peleaba esas batallas, presionando para estar más cerca del Señor. Hubo ocasiones en que me golpeé la cabeza en la pared de la ducha, diciendo: «No puedo, Señor; no puedo.»

Sin embargo, el Señor respondería: «Sí, tú puedes. Sí, tú puedes.» Es ahí cuando la gracia de Dios da su puntapié y te ayuda a hacer lo que eres incapaz en tu propia carne. En situaciones donde crees que es imposible ganar, Dios hace maravillas.

David y Goliat

Goliat llamó y David respondió. Esta fue la primera gran batalla de David, aquella que lo impulsó a la primera línea. Hasta ese momento había sido menospreciado por todos. Cuando Samuel llegó para ungir un rey, David ni siquiera era considerado candidato por su padre y sus hermanos. ¿Y nosotros hablamos de rechazo? Sin embargo, Dios puso un premio en la vida de David. El profeta fue enviado por él, aunque su familia ni siquiera lo tenía en mente. Si ellos vivieran actualmente, seguramente podrían haber estado en un episodio de la serie Montel Williams, llamada: «Mis hermanos me odiaban, y ahora realmente lo lamentan.»

¿Has sido alguna vez menospreciado por miembros de la familia que pensaban que nunca valdrías nada? ¿Te ha menospreciado el diablo por algo en tu pasado? Tal vez tú fallaste, y te sientes como si fueras un don nadie. Déjame decirte, amiga, el Ungido está contigo. Él nunca te menospreciará.

Cuando Samuel no encontró un rey entre los hijos de Isaí, el profeta preguntó si había otros hijos que no estuvieran presentes. Es cuando se le dice: «Hay uno más, pero huele como escremento de oveja.» Nadie en la familia de David, ni en su más remoto sueño, pensó que Dios podía usar alguien como un muchacho pastor. Esa actitud prevaleció hacia David aun después de que Isaí y sus hijos vieran que Samuel derramaba aceite en la cabeza del joven muchacho y lo proclamaba rey.

Cuando David llevó comida para sus hermanos en el campo de batalla, ellos cuestionaron su presencia allí. Según ellos, David debiera haber estado en el limbo de sus praderas; no creo que sus hermanos pensaron que lo estaban molestando. Él había venido del campo de pastoreo, donde tenía comunión con Dios y lo alababa. ¡Qué hermoso lugar para estar…!

Nunca podré entender por qué los ejércitos de Israel no fueron juntos y pusieron en apuros a Goliat. Si uno de nosotros puede espantar a mil y otro decenas de miles, ¿por qué los israelitas no conspiraron contra ese gran rufián? Nosotros entendemos que Dios estaba a cargo de esa situación, así como lo está en cualquier situación.

David tenía confianza en Dios. Esta batalla entre David y Goliat es usada con frecuencia como una historia de escuela dominical. Pero, por favor, entiende que esta fue una batalla real. También fue una batalla espiritual, así como la mayoría de las nuestras. ¿Estás siendo probado en el ministerio? Es una batalla espiritual. La mayoría de las que enfrentamos son batallas espirituales. Debemos tener la misma confianza en Dios que tuvo David, a fin de enfrentar al gigante y decir: «¿Quién es este filisteo incircunciso?»

La Palabra nos dice que nuestras batallas no son contra carne y sangre sino contra principados, poderes, gobernadores de las tinieblas. Las batallas pueden caber en diferentes categorías, pero sigue siendo el mismo diablo contra el que estamos peleando. ¿No puede pagar la cuenta de la electricidad? Una categoría. ¡Cáncer! Otra. No importa la categoría, debemos ser como David: *¡tener confianza!*

Dios hace su mejor trabajo cuando estamos en una situación de perdedores. Los creyentes bien intencionados nos dicen: «¡Sólo permanece en la fe! ¡Levántate en fe!» Fácil de decir, ¿cierto? Pero cuando tuve que luchar con la enfermedad de nuestro hijo adoptado Joshua, encontré que no todo es tan fácil de hacer. Sé *qué puede* hacer Dios, pero no sé *cuándo* o *cómo* lo hará. (Hay un montón de cosas del movimiento de fe que ellos se olvidaron de contarnos.)

He tenido que aprender muchas cosas nuevas acerca del caminar por fe a través de la experiencia. Supe que había un territorio desconocido cuando lo que declaré no se cumplió. Si bien no entendí, aún era mi batalla, mi gigante.

Cómo ganar

¿Cómo ganó David esta batalla imposible contra Goliat? Él nutrió su fe. Pasó tiempo a solas con Dios. Debemos mirar a lo que David había estado haciendo hasta el momento de la batalla. ¿Qué estás haciendo hasta que el momento de tu batalle determine cuándo, cómo y a qué nivel Dios te llevará? Esto marcará tu curso.

Conozco varios poderosos hombres de Dios quienes por un tiempo no fueron escuchados, porque Dios los tenía escondidos. Los estaba preparando para la batalla, preparándolos para un nuevo nivel. Hombres y mujeres de los que nunca habíamos escuchado aparecen repentinamente y son usados por Dios de manera profética en nuestro tiempo.

Puedes sentirte como que estás escondida, y que tu promesa no se cumplirá. Recuerda: Dios está preparándote. Él siempre trabaja.

¿Dónde estaba David hasta ese momento? Estaba afuera, cuidando las ovejas… solo. Desearía poder decirte que hay una forma más fácil. Me gustaría poder decirte que a través de ciertos procesos instantáneos de fe se te evitará todo esto y serás llevado adelante por el resto de tu vida.

Pero no es así. El viaje es largo y de naturaleza progresiva. Justo cuando llego a la cima y respiro aliviado, Dios me muestra otro monte más alto adelante, y me dice: «¡Ven, sigamos más alto!»

Con frecuencia tengo maravillosas palabras proféticas que dicen: «Te levantaré y hablarás a reyes; profetizarás sobre el milenio. Serás martirizada por mí. Pero eso no te lastimará. Podrás comer papas fritas mientras ellos te matan.» (¡Algo como eso!)

En la trastienda de mi mente estoy pensando: «*Hay un precio.; ¡hay un precio para la gloria de Dios!*»

La soledad no es meramente sentarse sola en la presencia de Dios, murmurando: «¡Ooohhmmmm!» La soledad es tener ese tiempo quieto delante del Espíritu de Dios. Hay una relación que se desarrolla durante esos momentos de quietud. Es la comunicación. Nos distraemos mucho con todas las cosas que hay a nuestro alrededor. David usó una gran parte de su vida preparándose antes de ir a la batalla. Nosotros vemos el episodio como un milagro, pero Dios le entregó a Goliat. El milagro no fue mayor que el proceso que David escogió pasar antes de la batalla en la que el gigante le fue entregado en las manos. Su relación con Dios fue lo que garantizó su victoria sobre el gigante filisteo.

Dios pone a su gente en un proceso. Tú y yo debemos estar deseosas de prepararnos para las batallas por venir. Quisiera compartir contigo que el 99% de las veces en mi vida no he tenido una palabra clara del Señor sobre el próximo paso que debía tomar o la decisión que estaba por hacer. Yo someto las cosas a Dios, pero parece como que Él confirma su voluntad poco a poco, a medida que voy dando cada paso. Solo hago lo que viene después, y a medida que me muevo hacia adelante, un poco más, el plan de Dios se va desplegando.

Cuando descubrí la condición de nuestro hijo Joshua, no quería salir a ministrar. Los doctores nos dijeron que, a causa de que había nacido sin gran parte de su cerebro, él podría ser ciego, incapaz de caminar, y requeriría tratamiento médico constante. Randi dijo: «Levantémonos y vayamos a ministrar.» Yo continué diciendo: *No*, porque no me sentía para eso. Quería estar en la cama llorando. Deseaba lamentarme. «Sólo dame una Coca Cola y un *National Enquirer*, y déjame sola.»

Le dije a Randi: «Cariño, tú tienes una unción que estimula a la gente.» La Palabra dice que «considerémonos unos a otros para estimularnos al amor y a las buenas obras» (Hebreos 10.24). Puedo decirte que mi esposo es muy ungido en ese don. Él estimula a la gente al amor y a las buenas obras, y es lo que estaba haciendo conmigo. Yo no quería ir; me sentía miserable. No quería enfrentar a nadie, y ciertamente no quería ministrar.

Pero a medida que sometí mi voluntad y mis emociones a Dios, Él me fortaleció para continuar adelante con Él. Y mientras lo hacía, proveyó las respuestas para el pequeño Joshua.

A través de nuestro abogado pudimos hacer contacto con la familia biológica de Joshua. Descubrimos que ellos habían estado orando para que se lo regresáramos. A pesar de que esto fue una de las cosas más difíciles que Randi y yo debimos hacer jamás, devolvimos a Joshua a su amorosa y biológica familia, quienes le están proveyendo todo el amor y la atención médica que necesita, tanto como una familia cristiana.

David puso un pie delante de otro y continuó moviéndose con Dios. Eso es lo que quiero animarte a hacer. ¡Anímate! ¡Ponte de pie! No huyas de tu batalla. El pastor Wiley, mi pastor, lo dice hermosamente: «Dios quiere darte un nuevo aprecio por las pruebas.»

La primera vez que escuché esto pensé: *«Es el diablo, pastor. ¡Voy a expulsarlo; simplemente voy a toser!»* Aquellas dos palabras —*aprecio* y *prueba*— no pertenecían a la misma oración.

Sé que Dios quiere darnos ese aprecio. Necesitamos la clase de fe que es nutrida. Fue lo mismo que le dio fuerzas a David en medio del conflicto. Saúl le dijo a David: «No podrás tú ir contra aquel filisteo, para pelear con él; porque tú eres muchacho, y él un hombre de guerra desde su juventud» (1 Samuel 17.33).

Pero David contestó: «Tu siervo era pastor de las ovejas de su padre; y cuando venía un león o un oso, y tomaba algún cordero de la manada, salía yo tras él, y lo hería, y lo libraba de su boca; y si se levantaba contra mí, yo le echaba mano de la quijada, y lo hería y lo mataba ... y este filisteo incircunciso será como uno de ellos, porque ha provocado al ejército del Dios viviente» (1 Samuel 17.34-36).

En otras palabras, David le estaba diciendo a Saúl que Goliat era simplemente otro animal más para él. ¿Piensas que la prueba a través de la que estás pasando te recuerda a Goliat? Déjame decirte: ¡tu gigante no es más que otro animal!

¿Qué había ganado en esas pequeñas batallas en su

ESPERO QUE SUS PROMESAS SE CUMPLAN...

trabajo cotidiano para tener tal fuerza y confianza? Ellas fortalecieron la fe de David, al ganarlas. Frecuentemente sentimos lástima de nosotros mismos, y la primer cosa que queremos hacer es correr y escondernos de nuestras batallas.

¡No corras! ¡Permanece y pelea!

Cuando tus batallas vengan, no te sorprendas ni caigas en shock. Mi tendencia cuando todo está yendo bien es decir: «Todo está yendo muy bien, mejor no disfruto esto porque algo sucederá y lo arruinará todo. No he tenido una prueba por un tiempo. Sé que el diablo está rondando a mi alrededor. Sé que algo sucederá.»

David tenía fe y confianza cuando el gigante vino. Para él, este filisteo altanero no era diferente a un león u oso. Sentimos lástima de nosotros mismos. Algunos estamos luchando con diferentes batallas. ¿Cómo ganaremos las grandes si aún estamos peleando con las pequeñas? No huyas de las pequeñas batallas. Los gigantes vendrán, y si ganas o pierdes ante los gigantes en tu vida, dependerá de tu actitud a pelear con los leones y osos de las batallas previas.

«¡Oh, Lancelot!»

Oramos: «¡Oh, Señor, dame fuerzas para la batalla!» El Señor me habló una noche a través de una película, diciendo: «Tú no obtienes fortaleza *para* la batalla; obtienes fortaleza *de* la batalla.

Estaba mirando esa película contra mi voluntad, puesto que estaba muy cansada. Acababa de regresar de una conferencia. Sin embargo mi hija me convenció de que la acompañara a ver ese vídeo. Era una historia de amor llamada «Lancelot»,* la historia de Cámelot. Pensé que podía ser una obra musical, pero mi hija me dijo que era un drama hablado.

Parece como que veo algo espiritual en cada cosa que miro, y esta no fue la excepción. Lancelot, interpretado por Richard Gere, no tenía pasión por nada. El rey Arturo — Sean Connery— quería que Lancelot «viniera a pelear con nosotros. Ven y participa de la mesa redonda.» Pero Lancelot no lo hacía. Entonces algo sucedió: alguien a quien Richard Gere realmente amaba, fue tocado. Desafortunadamente, era la esposa de alguien más. Ahora bien, aquí tenemos un hombre que no tenía pasión para pelear por nada, excepto por dinero; esto hasta que alguien a quien él quería mucho estaba en riego. En aquel momento él sacó su espada y comenzó a pelear con fierza.

«*¡Eso es, Señor!*» Lancelot no sólo desafió al enemigo sino que lo destruyó con su espada. Entonces tuvo dos espadas. Yo pensé: «*Así es como ocurre en el Espíritu. No tenemos la fuerza sino hasta que nos levantamos y entramos en pelea. No tenemos la fuerza para eso; obtenemos la fuerza de eso.*»

El Señor quiere que te levantes y entres en batalla. Norman Schwarzkopf se estaba preparando para hacernos ingresar en el Golfo Pérsico en la Guerra del Golfo. Todo el mundo seguía preguntando: «¿Estamos listos ahora? ¿Estamos yendo?», y él los dejaba hablar. Todos se preguntaban qué haría. Él estaba estudiando las batallas anteriores en que Estados Unidos habían estado involucrado. Estaba tratando de identificar las debilidades, las decisiones equivocadas y las estrategias incorrectas. No quería repetir errores. Y fue exitoso.

El general Schwarzkopf miró atrás. Con mucha frecuencia nosotros no deseamos mirar a las batallas anteriores. Queremos alivio, descanso, y no queremos hablar acerca de eso. Nos convertimos en Scarlet O'Haras espirituales —tu sabes: «pensaré acerca de eso mañana.» Pero,

---

* El título original en inglés es «First Knight».

de vez en cuando, necesitamos mirar atrás y aprender de nuestros errores, para que al entrar nuevamente en batalla podamos decir: «Si Dios hizo eso por mí, Él lo hará otra vez.» Si no tenemos experiencia de batalla, cuando el próximo gigante aparezca en escena nos hundiremos.

«Odio las pruebas, ¿y tú?»

No estoy enloquecida por las pruebas; no me gustan las batallas. Pero si no tenemos ninguna experiencia en ellas, cuando debamos pasar por eso no seremos capaces de permanecer. Estaremos desanimados, perderemos la fe y el deseo, y nos hundiremos.

David tenía una fe que fue probada en la desesperanza. ¿Sabías que una esperanza aplazada hace que tu corazón se enferme? El otro lado de la moneda es que «árbol de vida es el deseo cumplido» (Proverbios 13.12b). Esto significa que si tienes esperanza durante el tiempo suficiente, aunque tu corazón esté enfermo la palabra se cumplirá. Llegado el momento, habrá un árbol de vida para ti.

Para el observador casual, la situación era desesperante; no había forma en que David pudiera ganar. Todo estaba dispuesto en su contra. Pero él ganó.

La belleza de la batalla entre David y Goliat es que Dios la ganó por él. La belleza de tu batalla es que cuando tú ganas no puedes quedarte con ninguno de los créditos; toda la gloria es para Dios.

Cuando nuestra hija Jerusha enfrenta pruebas, le digo: «Jerusha, estoy aquí sosteniéndote. No hay forma en que te deje ir. Estoy aferrándote.» Y eso es lo que Dios hace. Nos aferra y no nos deja ir. Cuando *nuestras* habilidades paran, Dios asume el control y pone todas sus ilimitadas habilidades a nuestra disposición.

Dios quiere que deseemos hacer aquellas cosas que van más allá de nuestras habilidades naturales. Cuando Él me llamó a producir un especial en la cadena de televisión

TBN, pensé: «¡*Oh, no! ¿Qué es lo que tengo en casa que me haga parecer más alta? ¿Por qué no llamaron a Randi? Él tiene mucha más confianza que yo. ¿Cómo puedo entrar en el estudio con confianza, si realmente estoy temblando de miedo? Esto va más allá de mis habilidades naturales.*»

Más tarde, cuando David miró las circunstancias, todo parecía sin esperanzas. Él sabía que no podía confiar en sus propias fuerzas y habilidades. Saúl estaba muy celoso. Durante los tiempos en que David huía por su vida a causa de las persecuciones de Saúl, recordaba a aquel pequeño muchacho que había tomado cinco piedrecitas y matado al gigante. Sabía que había sido un buen tiro, pero no tanto como realmente *lo fue*. Había sido el poder del Espíritu y la unción de Dios lo que dirigieron esas piedras. Él sabía que el poder ilimitado de Dios estaba a su disposición para cualquier situación; aun cuando fuera perseguido por el rey.

Da un paso hacia lo sobrenatural

Cuando comiences a caminar en lo sobrenatural nunca lo olvidarás. Allí es donde los gigantes son derribados. Es algo más allá del ser. Es donde Dios te habla y te recuerda la clase que quiere que enseñes, el próximo lugar donde quiere que ministres, el viaje misionero que quiere que hagas, la posición de liderazgo que quiere que asumas, y el don que quiere que tengas y que se encuentra más allá de tu habilidad de obtener.

Comenzamos diciéndole al Señor cuán asustados estamos. Ese es un maravilloso lugar para estar. La fe está parada en el borde del precipicio, suspendiéndose al borde del desastre. Si Dios no viene por ti, morirás.

Mi amigo, el pastor Joe Robinson, del Nuevo Pacto, me contó una historia cuando estaba cierto día en su oficina, grabando unos cortos para la radio. Había una mujer que estaba tratando de romper el récord de nado, desde el sur de California hasta las islas Catalina. Era la primera mujer en intentarlo. Nadó en aguas infestadas de tiburones, mientras otros la rodeaban con lanchas, disparando a los tiburones delante de ella. (Si hubiera sido yo la que estaba en el agua, en el momento que hubieran dicho «¡Tiburón!», habría estado *caminando* sobre el agua.) Estaba rodeada por la neblina, pero todos, incluso su madre, seguían animándola. «¡Vamos, adelante! ¡Puedes hacerlo!»

Cuando necesito ánimo llamo a mi mamá. Ella me dice: «Levanta la vista, querida; mantente mirando hacia lo alto.»

Yo le digo: «Lo hago, ¡pero los pájaros están haciendo de las suyas sobre mí! Realmente es feo, y ya no quiero mirar para arriba. Estoy cansada.»

Volviendo a la historia del pastor Joe, la nadadora dijo: «No puedo seguir adelante; no puedo hacerlo.» Todo lo que ella podía ver era la niebla a su alrededor. Finalmente, cuando pensaba que esa batalla para obtener el récord no tenía fin, se rindió y la sacaron del agua. Estaba a sólo media milla de la costa.

¡No te rindas ahora!

A veces estamos presionando hacia las promesas y listos para caer. No hemos visto moverse la mano de Dios. No hemos visto que se cumpla la promesa que nos dio. No ha habido cambios, aunque permanecimos y creímos, guerreamos y oramos. En lugar de estar mejor, las cosas empeoraron. ¿Sabes que cuanto más cerca estés de la costa, más tratará el enemigo de decirte que no es posible, y que te des por vencida? Él ocultará la promesa para que no puedas tener el final a la vista.

Una querida hermana me dijo: «Cathy, a veces miras para adelante y piensas que ves la luz al final del túnel, pero no es así; se trata de un tren viniendo hacia ti.» ¡Pensé que ella iba decir que la luz era el fin de mi prueba!

¿estaba tratando de animarme, o qué? Todavía me lo sigo preguntando.

No te rindas. Estás a media milla de la costa. No huyas de la batalla, desechando tu esperanza. No deseches tu promesa. No deseches tu palabra profética.

Continúa nadando. Déjame animarte: tú puedes hacerlo. ¡Espera, hay un tiburón! ¡Déjame matarlo por ti! De acuerdo, sigue nadando.

Once

No te agotes en las batallas

«SEÑOR, HE HECHO todo lo que hay que hacer; he declarado, permanecido y orado. ¿Qué está mal? ¿Funciona la Palabra, o no? ¿Por qué este monte no se mueve?»

¿Te has sentido alguna vez de esta forma? Tengo buenas noticias para ti. El Señor nos está llevando a una época de una tremenda guerra espiritual. ¡Podemos combatir al enemigo sobre el cual ya hemos sido declarados victoriosos! Estamos rompiendo ataduras y cadenas de opresión, y el diablo odia eso. No puede soportarlo, y por eso pelea más aun.

> «Por lo demás, hermanos míos, fortaleceos en el Señor, y en el poder de su fuerza. Vestíos de toda la armadura de Dios, para que podáis estar firmes contra las asechanzas del diablo.»
> —EFESIOS 6.10,11

Una cosa es segura: el diablo quiere socavar tus fuerzas. Le gusta atacarte cuando estás cansada; y cuando estás cansada *no* es el momento para entrar en batalla con él. Debes estar prevenida de sus intrigas, porque tiene

149

planes para ti.

Algunos pueden no creerlo, sin embargo es verdad. Un día me hallaba caminando en la habitación de mi abuela italiana, y comencé a orar por ella. Dije: «Ato al espíritu del demonio.» No entendiendo eso, ella se molestó y dijo: «¡No le ores al diablo! Si lo haces, él vendrá por nosotros.» Le expliqué que no estaba orándole al diablo sino que lo estaba reprendiendo. He encontrado que algunas personas piensan que si dejamos tranquilo al diablo, él nos dejará tranquilos a nosotros. Pero esta no es la forma en que trabaja. Es un mito perpetrado vaya uno a saber por quién. La Biblia declara claramente que debemos conocer a nuestro enemigo, para poder recibir entendimiento sobre sus complots e intrigas. Aquí hay una buena ilustración sobre esto: una joven señorita fue con su familia a ministrar a Vietnam. Se aproximó a uno de los comandantes de la guerra y le preguntó: «¿Quienes son sus mejores soldados?» Ella esperaba que enumerara a los «boinas verdes», los «rangers», las «focas marinas» o algún otro grupo militar especializado.

En lugar de esto, él contestó: «Mis mejores tropas son aquellas que admiten quién es el enemigo, que se han encontrado con ellos y saben cómo son. Han sido heridos, enviados a los hospitales y regresados al frente. Esos son mis mejores soldados, porque se han encontrado con el enemigo y conocen sus artimañas. Están determinados a nunca ser heridos en el mismo lugar otra vez. Ellos llaman a eso el "ojo de tigre".»

¡Está atenta a esos ataques!

Muchas de ustedes han sido atrapadas por las intrigas del enemigo. Han sido heridas, pero regresaron sanadas al frente. Cuando el enemigo ataque nuevamente, estarán preparadas. A él le gustaría que te fueras a la cama, te taparas la cabeza con las mantas, te deprimieras y desanimaras. Hoy en día hay un ataque contra el cuerpo de Cristo, como nunca antes hemos presenciado. El ataque mayor suele ser el miedo. Y podemos ahora agregar la depresión y el rechazo a la lista de las tácticas favoritas del diablo.

Si miramos televisión vemos los avisos comerciales con magníficas muchachas pidiendo, en su voz sexy, que el individuo llame a tal número de teléfono si está solitario y deprimido. Por supuesto, le costará bastante dinero, puesto que es imposible hablar en sólo un minuto. Y te advertiré de algo que tal vez ya sabes: *la muchacha del otro lado de la línea no se ve para nada como la maravillosa jovencita de la pantalla.*

El Señor ha estado hablándome acerca de que hay un espíritu de soledad liberado sobre la tierra hoy en día. Este espíritu no sólo se manifiesta a sí mismo como la necesidad de alguien con quién hablar o estar, sino que lleva a que uno diga: «No estoy satisfecho en este lugar, por lo que me iré.» O, «Cambiaré a mi marido», o tal vez «Me iré a otra iglesia y haré nuevos amigos.» En ocasiones hace que la gente renuncie a sí misma, y puesto que han sido heridos y rechazados ya no quieren mantener relación con nadie más.

Es un ataque total del enemigo. Dos pueden eliminar a diez mil, por lo que el enemigo no quieres que estés en determinado lugar, a fin de que no puedas ponerte de acuerdo con cualquiera para ponerlo a él en su lugar. Creo que la asociación más fuerte de «dos» son el esposo y la esposa, quienes se ponen de acuerdo.

Las mujeres me han dicho: «Eso está bien para ti, Cathy, pero mi esposo no quiere orar.»

¿Mi respuesta? Toma su mano mientras está dormido y engaña al diablo. Di: «Diablo, nosotros estamos de acuerdo. ¿ves nuestras manos unidas en acuerdo?»

Estaba en un servicio donde el pastor tenía una lista de nombres de hombres poderosos en la ciudad, quienes estaban en contra de la iglesia. Él levantó la lista y dijo: «Diablo, yo sé que puedes leer. Así que lee esta lista. Tú sabes quién eres, por lo tanto, ¡sé atado!» Me pareció interesante, ¿no?

El Señor me mostró que también hay un espíritu demoníaco llamado «Rama». Significa: «Venir, unir corazones en amor, amor mutuo, hacer votos unos con otros, y luego irse clavándoles un puñal por la espalda, en el camino hacia la puerta de salida.» El espíritu de Rama significa «traicionar el pacto». Hay un espíritu de Rama que ha sido soltado en el Cuerpo, y debes plantarte firme en su contra.

Hay situaciones en mi vida en las que he dado y dado a amigos muy cercanos a mi corazón; y de pronto no los he visto más. Luego de un tiempo me llegó el comentario de que yo les había fallado. Al principio estaba herida, por lo que me sentí enojada. Sabía que no estaban en lo correcto. Entonces, reconocí que esta situación era representativa de un espíritu trabajando en el Cuerpo de Cristo, trabajando para separarnos unos de otros.

Suelo preguntarle a la gente que en las conferencias pasa adelante para la oración, en qué iglesia se congrega. En muchos casos la respuesta que obtengo es: «Bueno, en ningún lugar en particular. Estamos en el Espíritu. Vamos aquí, allá. Asistimos a varias iglesias en el área local.» A mí me suena como una cafetería espiritual. Simplemente vas y tomas lo que quieres. El enemigo no quiere que nos plantemos y entretejamos nuestros corazones unidos. Él no puede permanecer cuando venimos juntos a ser como uno. ¿Por qué? Porque entonces podemos hacer guerra contra él. Dios quiere que nos mantengamos firmes contra las artimañas del enemigo. Su plan es separar a los amigos íntimos, amigos que dicen: «Nunca me separaré de ti. No hay nada que alguna vez puedas hacer que rompa nuestra amistad.» Eso es un pacto de amistad.

Recuerda vestirte para la batalla

Efesios 6.12 dice que nos pongamos toda la armadura de Dios, «porque no tenemos lucha contra sangre y carne, sino contra principados, contra potestades, contra los gobernadores de las tinieblas de este siglo, contra huestes espirituales de maldad en las regiones celestes.» Debemos ser sabios contra los complots de Satanás. Probablemente no te estoy diciendo nada que no hayas oído vez tras vez. Simplemente lo estoy presentando para que le saques el jugo de una forma distinta para ti. Nosotros esperamos que cierta gente del mundo pelee contra nosotros, pero es difícil entenderlo cuando quien lo hace es cristiano. He dicho muchas veces: *«No podría servir realmente a Jesús de gran manera si no fuera por otros cristianos.»*

El Señor dijo que se está levantando como un poderoso hombre de guerra, y que está trayendo su ejército con él. Se supone que formaremos parte de ese ejército. Dios tiene un trabajo para que hagamos, pero también tiene su trabajo preparado de antemano; por eso muchas veces tenemos 200 generales y sólo unos pocos soldados.

El grupo Los Rambos canta una canción acerca del derribo de los muros de Jericó, llamada «Cállate y marcha». Las palabras nos dicen que dejemos de hablar sobre nuestros líderes; que nos callemos y marchemos. «Deja de discutir las órdenes; cállate y marcha. Hasta que escuches la trompeta sonar, cállate y marcha.» En lugar de eso, ¿qué hacemos muchas veces? Nos sentamos y lloramos.

Puedo ver a un montón de ellos marchando alrededor de las paredes de Jericó. «¡Ya no quiero hacer esto más! ¿Por qué no puedo estar al frente? De todas formas, ¿dónde está Josué? Yo no voté para que fuera nuestro líder. Quiero que mi hijo dirija esta marcha.» Me imagino que fue por eso que Dios le dijo a su ejército que no dijera nada; simplemente que marcharan y se callaran.

El diablo está peleando hoy más duro que nunca, tratando de infiltrarse en el ejército de Dios. Acostumbrábamos a cantar aquel viejo himno «Mantén el fuerte, porque regreso». Mientras cantábamos esto, todo lo que podía ver era cristianos derribados y golpeados, sangrientos, con los ojos hinchados y los dientes rotos, con los demonios marchando sobre ellos, aplastando a los pobres cristianos. Ese no es para nada el cuadro actual. Son los cristianos los que, adornados en espléndidas armaduras de batalla, marchan contra las puertas del infierno. Esa es la forma en que se supone que sea. Una de las estrategias de batalla del ejército de Josué fue que el Señor les dijo que cantaran. Me imagino a algunos de ustedes decir: «¿Con *mi* voz? ¡Podría matar al ejército entero del enemigo!»

No sé lo que cantaban. Me gusta pensar que era: «¡Aleluya, ganamos. Tenemos la victoria!» Puedo imaginarme al enemigo del otro lado, escuchando, juntando todas sus cosas, y diciendo mientras corrían: «¡Debemos haber perdido la guerra!»

Debes entender que los demonios trabajan bajo autoridad. Ya sea en el cielo o en la tierra, sólo pueden moverse bajo el comando de Satanás. Igual que un ejército, tienen estrategias para robar, matar y destruir. Hay algunos que han sido asignados a tu matrimonio, hogar, finanzas, trabajo.

Los demonios que Jesús expulsó del endemoniado de Gadara le clamaron a Jesús que no los enviara de nuevo a sus jefes, porque tenían miedo, prefiriendo estar en un ato de cerdos. Durante el ministerio terrenal de Jesús, Él envió a los setenta discípulos con las siguientes instrucciones: «Sanen al enfermo, limpien a los leprosos, expulsen a los demonios.» Para su sorpresa, ellos eran capaces de sanar a los enfermos, limpiar a los leprosos y expulsar a los demonios, porque los demonios estaban sujetos a ellos. Las discípulos regresaron completamente asombrados.

Autoridad sobre el enemigo

Jesús dijo: «Yo veía a Satanás caer del cielo como un rayo» (Lucas 10.18). Él no estaba hablando sobre el jardín de Edén. Satanás es llamado «príncipe de la potestad del aire» (Efesios 2.2). Pero Jesús dijo: «Cuando uses mi nombre, tal como cuando usas la Palabra del Señor en contra del enemigo, tienes la misma autoridad que le había dado a los setenta.»

El diablo no está preocupado por los cristianos que no oran. Los hijos de Esceva usaron el nombre de Jesús. El demonio dijo: «A Jesús conozco, y sé quién es Pablo; pero vosotros, ¿quiénes sois?» (Hechos 19.15). Aquellos viejos muchachos no tenían relación con Jesús.

El diablo no está preocupado cuando dices: «En el nombre de Jesús», o cuando invocas la sangre de Jesús si no tienes poder. Pero cuando tienes una relación con Jesús, y eres un guerrero de oración, pones a Satanás en polvorosa. Vístete a ti mismo en oración intercesora, para que tengas el poder de pelear cuando el tiempo venga.

La palabra profética sola no hará eso por ti. Puedes estar inundado de «palabras», pero no es suficiente. Debes mantener una íntima relación con Él de manera diaria, si es que entrarás en batalla.

El diablo conoce tu eslabón débil. Permanece atento sobre sus estrategias de batalla. No te puedes pasar la vida gritando: «¡Si esto será así, llévame a casa...!» Permanece firme.

Para ser capaces de permanecer firmes debemos conocer las estrategias del enemigo. Con frecuencia cantamos la canción «Está terminado». Yo la cantaba como solista hace unos diez años atrás. Pero luego comenzamos a renquear, y nos preguntamos: «Si no hay más guerra, ¿por qué me siento abatido y sangriento?

Déjame ilustrarlo: significa que si mi esposo ingresara

dentro de un cuadrilátero de boxeo junto con un campeón de todos los pesos, y aguantara hasta permanecer medio round, o si por esas casualidades él noqueara al campeón y ganaría el codiciado cinturón. (Yo no tendría nada en mi guardarropa que combinara con eso, pero eso es otra cosa.)

Ellos dirían: «Randi Lechner, ahora eres el nuevo campeón. Le darían una gran copa con su nombre grabado. Junto con esas encantadoras cosas él recibiría un cheque por diez millones de dólares. ¡Aleluya! ¡Podríamos hacer un montón de cosas para el ministerio con diez millones! Él habría recibido el cheque y se habría convertido en el vencedor.

Entonces, con los labios hinchados, las orejas deformadas por los golpes y sin dientes, se volvería hacia mí y me diría: «Cariño, hice todo esto por *ti*.» Me daría el cinturón, la copa y el cheque. Sería el vencedor, pero como yo tengo la recompensa, eso significa que soy más que un vencedor. Ahí estoy yo, con un llamativo cinturón, un gran trofeo de metal y un gran cheque por diez millones, ¡y ni siquiera he tenido que subirme al cuadrilátero ni ser lastimada!

Somos más que vencedores

Tú y yo somos más que vencedoras, porque Jesús pasó por los quince rounds completos con el diablo. Él lo noqueó, le quitó las llaves de la muerte, del infierno y de la tumba, y nos las dio a nosotros.

El diablo tratará de hacerte razonar: «Yo traté eso, pero…» «Quiero, pero…» Tenemos que decir: «Sí, el Señor lo ha dicho, y aunque no me siento así ahora, y nada en mí lo testifica, pongo mi confianza en su palabra.» Muchos cristianos viven en el ámbito del alma, en lugar de hacerlo en el ámbito del Espíritu. Si objetamos mentalmente a todo, no tendremos nada. Debemos decir: «Sí, Señor; sé que eso es verdad.» Y: «Padre, necesito tu gracia.» Esa es la clave. Cuando eso sucede, nos arremangamos y decimos: «Diablo, no voy a tomarlo más; ¡tengo la victoria!»

El diablo no te quiere enojado con él. A mí me gustaría provocarte a que te enojes con él, como si hubiera entrado y te hubiera robado el bebé de la cuna. Dices que no tienes la personalidad de enojarte. Cuando el Señor le dijo al ejército de Josué que *gritara* para que los muros de Jericó cayeran, no le importó si iba o no con la personalidad de ellos. Él dijo: «¡Griten!» Y ellos gritaron. Puedes gritarle al diablo, con lágrimas bajando por tu rostro, pero estarás en actitud de guerra.

El enemigo tratará de decirte: «No hay esperanza.» Una vez el Señor estuvo tratando con nosotros para que dejáramos nuestro pastorado en Winter Haven, Florida. Justo después que nuestro ministro de música se fue, ¿adivina quién tuvo que hacer el trabajo? Para redondear, él regresó y se llevó su piano del santuario, y todo lo que nos quedó para acompañar a los músicos fue un inadecuado teclado que mi madre nos prestó.

El enemigo comenzó: «¿Cómo se van a ir *ahora?*» Si lo hacen, toda la iglesia se dividirá.» Él comenzó con una acusación tras otra. Cada vez que pensábamos que teníamos algo para dejar el pastorado, el diablo decía: «La iglesia no puede sostenerlos a ustedes, ¿cómo podrán sostener a un nuevo pastor si se van?»

Randi y yo comenzamos a perder la esperanza porque estábamos comenzando a creer las mentiras del diablo. Empezamos a escuchar a los ministros de televisión, quienes eran luchadores. Ellos solían exagerar, puesto que creían que lo que salía de su boca es lo que sucedería. La exageración funcionó, y nosotros tuvimos de nuevo nuestra visión alineada con lo que Dios había querido hablar a nuestros corazones. El diablo quiere que pierdas tu visión de luchar. Entonces él derribará tu espíritu humano. Tú puedes ir a la iglesia, pero habrás perdido tu pelea, mientras que el diablo habrá ganado el round.

Has pagado un gran precio para retirarte. Él te ha dado la fórmula para una armadura sólida junto con el poder y la autoridad, y estás vestido para la batalla. Ten una actitud que diga: «No me rendiré. Tengo una promesa y quiero verla cumplida.»

El arma de la esperanza

En el medio de la batalla el enemigo quiere robarte la esperanza. Lo que más le gustaría es ver que dejas todas las promesas de lado. Cuando estuve creyendo que tendría más niños, sacaba todos mis casetes con las promesas proféticas y los escuchaba una y otra vez. Quería escuchar la fe y la esperanza, mientras esos atributos surgían hirviendo de lo más profundo de mi interior. A través de la escucha de esas cintas trabajé profundamente con mi interior.

Durante ese tiempo hubo algunos maravillosos y bien intencionados santos que me decían: «Necesitas perder 35 kilos de peso.» Entonces perdí 35 kilos; y todavía no había bebé. Alguien me dijo que necesitaba una dieta a base de cebada. Lo hice, y aún no venía el bebé. Me dijeron que pusiera mi deseo en el altar, lo declarara hecho, y muchas otras palabras de consejo. Pero yo sabía que Dios haría lo que Él había dicho que podía hacer. Todo en el tiempo apropiado. Y Él lo hizo. Seis veces, pero en *su* tiempo, no en el mío.

Ten la actitud de decir: «"No perdáis, pues, vuestra confianza, que tiene grande galardón" (Hebreos 10.35). Si el enemigo llega a quedarse con mi esperanza, entonces tendrá todo. Señor, necesito tu gracia.»

No puedo contar las veces que mi esposo me dijo: «Cariño, salgámos del ministerio. Ya no puedo aguantar más ser rechazado y herido nuevamente. No puedo darme otra vez. Me he derramado a mí mismo a la gente, he pagado sus cuentas de electricidad, sus rentas, y he puesto comida en sus mesas. He vestido a sus niños, y un mes después ellos se fueron clavándome un cuchillo por la espalda.» (¿Te has sentido alguna vez de esa forma?)

No te agotes en las batallas

El Señor siempre viene a nuestro rescate, nos lev nos anima y nos sana, y nos pone otra vez en la senda correcta. Simplemente morimos un poco más a nosotros mismos cada vez. Y esa es la idea, después de todo.

Puedes alejarte un millón de veces, pero la gracia de Dios te traerá nuevamente de regreso. Siento fuertemente que estoy hablando directamente al corazón de alguien. Tú estás diciendo: «No puedo soportarlo más», pero yo te estoy diciendo que la gracia de Dios hará que te levantes una vez más. La depresión puede desinflarte, pero la unción del espíritu de Dios te inflará nuevamente.

Ponte toda la armadura de Dios ahora mismo. Hablemos acerca de unas pocas cosas que componen dicha armadura, tal como es descrita en el capítulo seis de Efesios.

La armadura de Dios

> «*Vestíos de toda la armadura de Dios, para que podáis estar firmes contra las asechanzas del diablo ... estad, pues, firmes, ceñidos vuestros lomos con la verdad, y vestidos con la coraza de justicia, y calzados los pies con el apresto del evangelio de la paz.*
> »*Sobre todo, tomad el escudo de la fe, con que podáis apagar los dardos de fuego del maligno. Y tomad el yelmo de la salvación, y la espada del Espíritu, que es la palabra de Dios.*»
> —Efesios 6.11,14-17

• *La coraza de justicia:* Si sigo la justicia, soy justo; como si nunca hubiera pecado ante el Señor. Mi corazón está protegido. Esta pieza de la armadura me protege de la semilla misma de la falta de perdón, la amargura, el resentimiento. La amargura y el resentimiento no me llevarán a ningún lado, pero me marcarán con artritis y me dejarán lastimada, herida y sola. El no perdonar no lastima a nadie, sino sólo a mí. Cada día tengo que ir delante del Señor y decir: «Padre, camino en perdón. Los perdono, Señor.»

- *El correaje de la verdad:* «Padre, te agradezco que el correaje de verdad está en mi interior. No soy un mentiroso, no soy un impostor. Lo que digo es la Palabra. Señor, he sembrado semillas de integridad con mi boca. No hablaré ni una palabra que pueda lastimar a otra persona. He adquirido el control de mi lengua, y las palabras de mi boca te agradarán.»

- *La espada del Espíritu:* No tienes la autoridad para ir a los reinos que Él no te ha dado. Te ha dado la autoridad en el ámbito en que vives. Tienes autoridad sobre tu casa, niños y familia. Él le ha dado a la Iglesia la autoridad en otras áreas.

- *El escudo de la fe:* Si no puedes tener ninguna otra cosa para el día, no te olvides del escudo de la fe. Este escudo te protege y apaga cada dardo ardiente del enemigo.

¿Te has dado cuenta de que no hay alguna parte de la armadura para proteger tu espalda? Eso es porque nunca se espera que corras en retirada. Guerreando con el enemigo, nuestra actitud debe ser siempre: «Diablo, te confundo a ti y a tu ambiente en este día. Te declaro confusión para ti y para todos los planes que tienes para mí y para mi familia.»
¡VICTORIA!

Doce

*A veces una cucharada
de azúcar sólo te da parásitos
y te hace engordar*

Estaba comprobado que sería difícil tratar de mantener una conversación profunda con mi amiga Vonita Goodman. Te cuento: estábamos regresando de una asombrosa reunión en Filadelfia y el agente de la línea aérea había cometido el horrible error de darnos los asientos del medio del avión, pero una detrás de la otra. Desde esa dificultosa posición, estábamos intentando debatir sobre lo que sería el próximo paso del enemigo para mantenernos fuera de la unción.

«¿Será el sexo y los hombres?» Nos preguntamos una a la otra por encima de los asientos. (Y con hombres sentados a cada lado de nosotras, quienes intercambiaban miradas asombradas y con incómodo nerviosismo.) Decidimos que no era eso; estábamos demasiado cansadas como para siquiera considerarlo. Ya era demasiado difícil tratar de ser *sexys* con nuestros esposos. Tendría que ser alguien como Sean Connery para que cualquiera de nosotras se interesara —¡y él ya ronda los ciento cincuenta años!

¿Sería el dinero? Nunca parece ser suficiente para hacer todo lo que hay en nuestros corazones. En todo tiempo ayuda el tener más, pero la provisión de Dios siempre es más que suficiente. Por eso decidimos que tampoco sería el dinero.

No sería el deseo de escapar. Siempre estamos viajando, por lo que no habría nada divertido en eso. De cualquier forma, no estoy segura que las playas del mundo estén listas para mis curvas.

«¡INCREDULIDAD!» Esa es la respuesta que el Espíritu Santo puso en mi corazón. Yo estaba espantada. *«¡Pero…, ¿Por qué?! ¡Ese es un pecado "bebé"¡»*, pensé horrorizada. *«Soy muy madura.»* ¡Me reí de la idea!

Nuevamente el Espíritu Santo murmuró: «¡Incredulidad!» Fue allí cuando me di cuenta que cuando estemos delante de Jesús, no seremos juzgados por nuestros pecados; Jesús se hizo cargo de ellos en la cruz. Lo seremos por nuestra *incredulidad*. El pecado es el *fruto*; la incredulidad es la *raíz*. Por ejemplo, cuando un ladrón roba, el robar es el fruto. Él piensa que Dios no le proveerá, y esa es la raíz: *la incredulidad*.

Lágrimas de arrepentimiento

Cuando niña se me decía que cuando estuviéramos frente al Señor, Él limpiaría cada lágrima. Se me decía que eso significaba que estaríamos tan quebrantados y deprimidos para el tiempo en que Jesús viniera, que Él debería sanarnos a todos antes de servir la Cena.

Ahora creo que Él tendrá que limpiar lágrimas de arrepentimiento por todas las incredulidades; todas las oportunidades que hemos perdido debido a nuestra falta de confianza en su amor y provisión.

Segunda Corintios 5.7 nos dice que caminamos por fe y no por vista.

Hay un ataque super-anti-natural sobre nuestra fe en estos días. El propósito del enemigo es robarte tu palabra, tu semilla, tu propósito, tu esperanza, tu herencia, y tu llamado al ministerio.

En Lucas 18.8 Jesús pregunta: «Pero cuando venga el hijo del hombre, ¿hallará fe en la tierra?» ¿Es posible que en los últimos días el ataque sobre nuestra fe sea tan grande que Jesús nos estuviera advirtiendo? ¿Pueden las sutiles y adversas circunstancias ir usurpando la determinación de los creyentes, de permanecer «esperanza contra esperanza», hasta que la respuesta venga?

Con ojos renovados podemos leer el reporte de Josué, Caleb y los otros diez espías. En el versículo 28 los espías se lamentaron: «Vimos allí...» Nuevamente en el 32: «Vimos...» Este es el testimonio de hombres naturales, quienes, mirando las cosas naturales, caminaron por la vista, y no por la fe.

«¡Señor, somos capaces!»

El lenguaje de la incredulidad comúnmente es: «Nosotros vimos, pero *no somos capaces*.» «La mayoría no puede estar equivocada.» Pero la mayoría estaba equivocada (mortalmente equivocada).

Josué y Caleb «vieron» la misma cosa, pero su informe fue diferente al de los otros diez espías. Ellos caminaron por fe y vieron por fe. Entonces actuaron por fe.

Amada, debes determinar muy bien antes de la batalla qué es lo que exactamente crees. Si esperas hasta que estés en el medio de la guerra, será muy tarde.

Josué y Caleb respondieron: «¡Esos gigantes son como comer pan...!» ¡Qué contraste con la mentalidad de los espías, quienes se lamentaron: «¡Ante ellos somos como langostas...!»

Los diez espías se vieron a sí mismos como alimento para ser comido. Josué y Caleb vieron a los canaanitas como alimento para ser *consumido*.

¿Qué gigante enfrentas? ¿Te consumirá, o se convertirá en pan para alimentarte y fortalecer tu fe? Es tu elección.

Primero *elige*, luego *¡confiesa tu elección!*

«Tú, problema marital. Tú, crisis financiera. Tú, división de iglesia. Tú, cáncer, enfermedad, mal; *¡ustedes son pan para mí!* Inestabilidades mentales y emocionales, ¡ustedes son devoradas por la palabra de fe de mi boca!»

Puedo parecerte como tonta y necia, especialmente si lo que ves es más grande y ruidoso que la Palabra y que tu fe.

Amo la respuesta de Caleb. Puedo ver sus venas hinchándose en su cuello, mientras presenta su punto de vista ante el pueblo. Acompañándose con movimiento de las manos, volviéndose furioso al hablar a la multitud, haciendo callar al pueblo para ser oído, hace esta fulminante y gloriosa declaración: «¡EL SEÑOR NOS AMA!»

Eso parecía trivial y sin relación con la situación que los hebreos estaban enfrentando en ese momento. Pero esa es la esencia de la fe. «¡PUEDO CREER EN ÉL PORQUE ME AMA!»

Porque Dios te ama

Ocurre igual hoy día. Puedes creer en Él porque te ama. Le profetizo a miles de personas cada año. La palabra profética que el Señor trae casi siempre está llena de su gracia, su bondad y su esperanza; Él tiene todo bajo control. Esa palabra profética es para alguien que enfrenta una dificultad realmente difícil *ahora mismo.*

La conclusión de fe: *somos* capaces porque el Señor está con nosotros.

«Mas los varones que subieron con él, dijeron: No podremos subir contra aquel pueblo, porque es más fuerte que nosotros» (Números 13.31). Esta es la conclusión de la incredulidad, resultado de la visión natural cuando Dios es dejado afuera.

La desesperanza es una condición básica para el descreimiento.

«Y hablaron mal entre los hijos de Israel, de la tierra que

habían reconocido, diciendo: La tierra por donde pasamos para reconocerla, es tierra que traga a sus moradores; y todo el pueblo que vimos en medio de ella son hombres de gran estatura» (Números 13.32). El reporte maligno es traducido en una versión como «la difamación sobre Dios». No difamaré a nadie, pero la primera persona a la que jamás difamaré será a Dios mismo.

No acuses a tu Dios

Mi precioso padre está luchando con un horrible cáncer. Lo que es aun peor es la devastación que la quimioterapia hace sobre su cuerpo.

Estaba recostada en la cama cerca suyo, acariciando su cara, orando en el espíritu, cuando le sobrevino una violenta ola de nauseas. Él corrió al baño —bueno, realmente fue renqueando— para vomitar por cuarta vez en una hora. Nunca había sentido tan terrible sentimiento de impotencia y enojo. Silenciosamente murmuré a Dios: «Mi padre no ha hecho otra cosa más que servirte por los últimos cuarenta y nueve años, ¿y *esta* es la recompensa?» Mientras abría mi boca para continuar mi reproche, el Señor me reprendió.

«¡No te atrevas a acusar a tu Dios!» Me disculpé con el Señor, y ese día le prometí que nunca más volvería a acusarlo.

Toda incredulidad es irracional, obstinada, rebelde, prejuiciosa, presuntuosa, insolente, testaruda, jactanciosa, insensible, endurecida y engañosa.

Todos los milagros que los israelitas presenciaron no sirvieron para curarlos de la incredulidad. Tampoco lo harán los de hoy en día. Los agnósticos y los cínicos atribuyen todo a las coincidencias. Así como muchos atribuyen propiedades saludables a los brotes de alfalfa, muchos cristianos invocan el dogma de la «soberana voluntad del Señor».

Los discípulos vieron más milagros que los hijos de Israel saliendo de Egipto, y aun así todavía estaban llenos de incredulidad y dureza de corazón. ¿Por qué eso es tan malo? ¿Por qué la incredulidad es una de las cosas que más provoca el enojo de Dios sobre su pueblo? Tenemos un vislumbre del corazón de Dios en Deuteronomio 1.32,33:

«...*Jehová vuestro Dios, quien iba delante de vosotros por el camino para reconoceros el lugar donde habíais de acampar, con fuego de noche para mostraros el camino por donde anduvieseis, y con nube de día.*»

Dios ha preparado el camino

Oh, mis preciosas amigas, desearía de alguna forma poner mis brazos alrededor de ustedes y declararles: «*¡No tengan miedo! ¡Dios ya ha ido delante de ustedes para preparar el camino!*»

Ustedes no pueden cambiar el pasado, pero pueden rehacer el futuro. El Señor nos dice en el próximo versículo: «Y oyó Jehová la voz de vuestras palabras.» Él está escuchando tus palabras.

Mis hijos nunca tendrán que preocuparse sobre qué comerán. Nunca se sientan a la mesa después del desayuno con la obsesión de qué almorzarán o cenarán. Yo los amo. No saldría sin asegurarme de que tienen suficiente comida y ropa.

Pero nosotros calumniamos a Dios cuando continuamente permitimos que las palabras de duda, incredulidad y temor sean vertidas de nuestra boca. Es erróneo orar por lo que Dios ya ha prometido, así como para mí sería un insulto escuchar que mis hijos le cuentan a sus amigos que están orando para que su papá y su mamá les provean cena esa noche, y mantas para protegerse del frío.

La incredulidad esconderá tu milagro

He escuchado a muchos ministros declarar que en su parecer los milagros no son para la actualidad. Pensé para mí misma: *«Bueno, entonces, no debes molestarte cuando no tengas uno.»*
¿Se han olvidado de leer la parte que habla de Abraham? Él era un individuo excepcional. Fue usado por Jesús para ilustrar la clase de fe que agrada a Dios. No hay conjeturas en él.

> *«Tampoco dudó, por incredulidad, de la promesa de Dios, sino que se fortaleció en fe, dando gloria a Dios.»*
> —ROMANOS 4.20 (*énfasis agregado*).

La fe alimenta la fe. La fe llevó a Abraham a niveles más grandes de fe.

Principio nº 40.462: La llave para esperar por tu respuesta es alabar y glorificar a Dios mientras esperas.

Mira alrededor de un consultorio de un médico, mientras la gente está esperando para ser atendida. Llevan dos horas de atraso en el orden de las citas. ¿Están sonriendo y riendo, dando alabanzas y glorificando a Dios mientras esperan? ¡NO! Están dando vueltas con sus miradas, hojeando por enésima vez la revista *Variedades* con fecha de cuatro años atrás, y recargando su Magnum 44.

¿Has visto alguna vez una persona regocijándose mientras espera en la fila de la única caja abierta en un supermercado? ¡Por supuesto que no!, porque están atrapados detrás de una mujer con tres carritos repletos de mercadería con el precio mal puesto, debiendo verificar cada uno de ellos. Tiene en su mano *quichicientos* cupones de descuentos, mientras le grita a sus niños: «¡Jorgito, bajate de la barandilla...! ¡Marcelita, deja de patear a esa agradable señora, quien está alabando y glorificando a Dios...!»

¡No obstante, anímate! Tú *puedes* vencer la incredulidad. Ella es un espíritu. Abraham confiaba totalmente en que la palabra atada a él se cumpliría. Lo que le había sido prometido se cumplió después de veinticinco años de espera. Él había vencido la incredulidad caminando por fe. Llegado el momento, la incredulidad te apartará de Dios, si no la vences primero con la fe.

Abraham tuvo sus tiempos de flaqueza en la fe, pero Dios tomó en cuenta su integridad inherente, puesto que sabía que Abraham confiaría en Él, no importa lo que sucediera. A pesar de esos *lapsus*, Abraham fue reconocido en la Palabra como un gigante de la fe y un ejemplo para nosotros hoy día.

Esto es lo que Dios dice de Abraham en Génesis 18.19:

«Porque yo sé que mandará a sus hijos y a su casa después de sí, que guarden el camino de Jehová, haciendo justicia y juicio, para que haga venir sobre Abraham lo que ha hablado acerca de él.»

El Señor podía confiar totalmente que Abraham seguiría su Palabra de forma completa. ¿Puede confiar en ti?

Primero, confía en Dios

«Mirad, hermanos, que no haya en ninguno de vosotros corazón malo de incredulidad para apartarse del Dios vivo.»
—HEBREOS 13.12

Cuando comenzamos a desconfiar del Señor de que cumplirá sus promesas en nuestras vidas, empezamos a cosechar lo mismo que plantamos. Nos ponemos mal con Dios porque no hace que *nuestros deseos* se cumplan, pero no nos enojamos por lo que hemos hablado dentro del rango de su presencia. Antes de siquiera darnos cuenta de lo que ha sucedido, el enojo y la amargura han entrado subrepticiamente. Nos convertimos en otra baja en el Cuerpo del Señor Jesucristo.

¿Pondrás tu voz para alabar conmigo? *«Oh, Dios, tú haces todas las cosas bien, y yo creo y confío en ti. Te alabo con gozo* por tu grande y glorioso plan magistral, el cual está siendo obrado en mi vida y en la de quienes amo. Ahora, deja que tus ríos de gozo me inunden y me llenen mientras estoy en tu presencia.»

El creer activa la fe

Una de mis historias de fe favoritas se encuentra en Marcos 9.23,24. Marcos escribe acerca de un padre que trajo a su hijo epiléptico a los discípulos, y les pidió que le sacaran el espíritu maligno y lo sanaran. Ellos oraron y reprendieron hasta que no había ningún demonio dentro de los diez kilómetros a la redonda. No obstante, el muchacho seguía igual.

Desesperado, el padre trajo su hijo a Jesús. Enloquecido de amor por su hijo, le rogó a Jesús: «Por favor, Jesús, ten misericordia de mi hijo y sánalo.» Si hubiera sido a mí a quien ese padre hubiera venido, yo habría llorado con su conmovedora historia. Pero Jesús no lo hizo. Su respuesta, llena de compasión, fue directa; casi como si fuera un negocio. *«Si puedes creer, al que cree todo le es posible.»* En otras palabras, lo que Jesús estaba diciendo era: «Papá, no es la compasión lo que activa la fe. Es el *creer* lo que activa la fe y permite el milagro.»

Enfrentémoslo; todos conocemos un montón de gente realmente digna de compasión. Ellos aman a Dios pero van de crisis en crisis, sin ningún milagro visible en sus vidas. ¿Por qué? Porque la compasión se enfoca en sí misma, mientras que es el creer lo que vuelve los pensamientos y corazones hacia Dios.

Jesús le estaba tratando de decir a ese padre: «Si quieres un milagro, debes creer.» Y el padre le contestó con total pureza y honestidad: «Creo; ayuda mi incredulidad.» Él estaba diciendo : «Señor, yo sé que tú puedes, conozco tu voluntad. Pero hay una pequeña parte de mi corazón que está luchando con lo que he "visto" por tantos años. ¡Ayúdame!»

Jesús dice: «Es suficiente.» Entonces echó al demonio fuera del niño, y este fue sano.

Los pasos infantiles en la fe

Una de las cosas que más amo de mi Padre celestial es que Él ve y reconoce aun mis infantiles pasos en la fe. He conocido a Jesús como mi Señor y Salvador durante casi toda mi vida, pero recién ahora estoy tocando el campo de la fe que obra milagros.

Por lo tanto, tú puedes. Recuerda: comienza en tu corazón y se trasladará a tu mente: «Porque cual es su pensamiento en su corazón, tal es él» (Proverbios 23.1). De tu mente saldrá por tu boca. Tus palabras confirmarán tu fe o revelarán tu incredulidad. También, Dios está extremadamente interesado *en lo que dices*. Él nos ha advertido que el día viene cuando debamos dar cuentas por las palabras vanas.

El Espíritu Santo, nuestro gentil recordador —o «sabueso celestial», según como prefieras llamarlo— vendrá a asistirte.

Es una mentira. El temor es un espíritu. El temor es un espíritu sin cuerpo, buscando uno. Si obedeces al espíritu del temor, él vendrá a vivir en ti. Debes decir y hacer lo opuesto a lo que el temor dice.

Dios no está limitado en su habilidad. Esta se encuentra conectada con su buena voluntad para con su pueblo. No hay limitaciones para obtener cosas de Dios, de acuerdo a sus promesas. Él nos ha dado poder para tener salud (Deuteronomio 8.18) y para traer poder y fortaleza a su pueblo (Salmo 68.33).

Y te ha dado poder en tu lengua para traer vida donde hay muerte (Proverbios 18.21).

Trece

¿Ya casi llegamos?

Q UIEN ALGUNA VEZ escribió —o intentó escribir— un libro (o una carta) conoce acerca de la oposición. Algunos la llaman «la traba del escritor».

Realmente, nunca me he encontrado con tal lucha personal, soportado tales ataques físicos o experimentado la falta de motivación en ningún proyecto en mi vida como cuando escribía este libro. (Eso es, excepto por una vez que tuve que hacer un reporte sobre Robert Frost, el famoso compositor de «Suwanee River». Obtuve una «D» en eso, y *aún* no sé por qué.)

Cuanto más me acercaba a terminar el libro, más crueles se volvían los ataques. Nunca tomé consciencia de la importancia del tema en cuestión en nadie más, sino en mí misma. ¡Y ahora lo sé!

Este libro habla sobre el heredar la promesa. Se trata de ingresar al lugar de la promesa; tu propia Tierra Prometida en Dios. Si hay algo que el enemigo amaría robar de tu corazón es tu herencia. Esta lo es *todo*.

Pero no sin guerra

En un frío y gris día de diciembre, acompañé a mis padres a la Clínica Mayo, en Jacksonville. Estábamos allí para retirar los resultados de una biopsia que le habían realizado a mi padre el día anterior. Tratábamos de reír y hacer bromas mientras íbamos por el ascensor del hospital. Miré alrededor de la sala de espera. Había mucha gente enferma allí. Fuimos guiados al consultorio del doctor, donde traté de hurgar en la computadora para encontrar información sobre el reporte de mi padre. En ese momento entró el doctor. «Ja-ja», bromeé. Él no se estaba riendo. Supongo que no hay una «buena forma» de decirle a alguien que tiene cáncer. Lo escuchamos decirnos las noticias: *cáncer*. Después de eso los tres nos sentamos ahí, paralizados. Mis amigos pueden encontrar esto difícil de creer, pero yo no podía hablar. Nada tan horrible le había pasado alguna vez a mi familia, y yo no estaba preparada.

Mi pobre madre estaba sentada a mi lado, con uno de esos horribles pulóveres deportivos, con una imagen bastante fea que una amiga le había planchado en el frente para su cumpleaños. Se veía aun más horrible en la oficina del doctor. «*¿Por qué no le dije que se cambiara eso antes de venir?*» Miré hacia mi papá. El doctor estaba hablando... bla, bla, bla. *Intuyo que es como acostumbran a dar las malas noticias.* Mi papá tenía esa mirada de resignación en su cara... Tú sabes, esa que dice: «Tendré un ataúd de caoba, con el lino satinado haciendo juego. No..., no importa; simplemente tírenme en un bote en el Golfo de México.» Era espantoso. ¡Y era su día de cumpleaños!

Algo comenzó a levantarse en mi interior. ¡*No!* Tan pronto como el doctor tomó un respiro, comencé a profetizar la voluntad de Dios. Mi madre continuó llorando, y el doctor perdía el tiempo con su lapicera —como si estuviera midiendo la distancia desde su escritorio hasta la puerta, preguntándose en qué momento me podía agarrar en una pausa, para hacer un descanso a mi perorata.

Cáncer. ¡Qué terrible palabra! ¡Qué palabra desesperante! Cuando dices «cáncer» todos comienzan a hablar en voz baja, como si estuvieran relatando la historia de alguien que, después de una larga y horrible lucha con la enfermedad, finalmente (que Dios dé descanso a su alma) murió. *Todos* —y quiero decir *todos*— tienen una de esas historia. Nosotros también. Randi y yo perdimos a sus dos padres por el cáncer.

En el camino de regreso a casa desde la clínica, yo iba gritándole al diablo desde el asiento trasero, a Dios, y a todo Jacksonville, a cualquiera que pudiera escuchar. «¡VICTORIA! ¡VICTORIA! En el nombre de Jesús tenemos victoria.» Urgí a mi mamá a que gritara conmigo, y puesto que ella siempre está dispuesta a hacer mucho más de lo que le pido, comenzó a gritar «¡Victoria!» conmigo, sentada ahí, con ese horrible pulóver, pareciendo totalmente desubicada.

Mi padre siempre ha sido el conservador, el tranquilo. Además, era quien tenía el cáncer. Pero sabía que yo no me callaría hasta que él no comenzara a gritar «¡Victoria!», por lo que él también comenzó a gritar.

Amados, el mundo nos dice que estábamos practicando lo que llaman *negación*. Aun la Iglesia tiene un silencioso y tenue tono cuando alguien se para con un testimonio como el que acabo de compartir. Pero la Palabra declara: «Aclamad a Dios con voz de júbilo» (Salmo 47.1). Dios es el Alfa y la Omega, el principio y el fin. Él está a cargo aun cuando se trata de cáncer.

«¿Quién está en la negación?»

Le estaba contando esta historia a ciertas personas, y ellos me amonestaron: «Cathy, tu acercamiento al problema es erróneo. El individuo necesita tiempo para la aflicción y para enfrentarse con la realidad de su enfermedad.»

Realmente, no quise parecer muy ofensiva —al menos no a propósito. No obstante, los miré directo a la cara y les dije: «La realidad es *lo que la Palabra de Dios dice que es la realidad.* "Yo soy el Dios que te sana", y por eso me comporto de acuerdo a eso. Estamos en la lucha por la vida de mi padre, y debemos determinar ya mismo cuál será la estrategia de la batalla, ¡porque *conocemos* que el resultado es la *victoria*!»

«Bien, entonces estás en la negación. He trabajado con un montón de pacientes enfermos de cáncer por muchos años; necesitas estar preparada para la muerte», me contestó la persona —«para mi propio bien», por supuesto.

Le agradecí cortésmente, pero en mi interior le dije que se fuera a freír churros, o algo realmente no muy evangélico que digamos.

Nosotros creíamos que la quimioterapia no lo enfermaría, pero lo hizo. Creímos y declaramos que no perdería su pelo, pero se fue por el resumidero de la ducha. Nos mantuvimos creyendo a pesar de lo que veíamos, y vimos algunos milagros maravillosos. Estamos agradecidos por los pequeños milagros que vimos a lo largo del camino; la ausencia de llagas en la boca, su maravillosa habilidad para no vomitar la harina de avena, el regreso de algunas de sus energías. Pero más que todo vimos la profundización de su caminar con Dios y la intensificación de la obra de Dios en su corazón.

Regocíjate en todas las cosas

Hace un mes atrás vi en un catálogo de artículos de Navidad un juego de cuatro letras de madera pintadas de dorado: «Gozo.» El catálogo las mostraba puestas sobre el estante que hay encima de las chimeneas, en las salas de los hogares. Se veía en forma muy atractiva. Tengo una chimenea, por lo que decidí comprarlas. Cuando llegaron por correo, decidí que en lugar de ponerlas sobre la repisa, las colgaría en la pared encima de ella. El único problema era que las letras no estaban hechas para ser colgadas. Tratamos con una cinta que pega de los dos lados, con pegamento instantáneo y con pegamento de siliconas. Las letras quedaban puestas por un tiempo, pero al rato podíamos escuchar un «crash», encontrando que una de ellas se había caído.

El mayor de los problemas lo teníamos con la «G»; decidí que quería tener «gozo» en mi pared, no «OZO» ni «GOZ», ni aun «GO O», aun cuando tuviera que clavarlas. La buena noticia es que al final tengo la palabra «Gozo» en letras doradas, de medio metro de alto, sobre mi chimenea. La mala noticia es que, aunque viniera un terremoto, tendré «gozo» en mi pared por la eternidad (o hasta que tiremos abajo la pared).

¿Puedo decirte que esta es una lección espiritual? Mantener nuestro gozo implica *perseverancia*. He trabajado largo y duro para mantener mi caminar con Dios, pero de tiempo en tiempo suelo perder mi GOZO. Si la «G» se cae, me quedo con «OZO», y la impresión de un *oso*, aunque mal escrito, es muy diferente a la de *gozo*.* Mi esposo judío suele decir una exclamación parecida, y lo que usualmente significa es: «¡Mujer, me estás dando un dolor de cabeza.»

¡Qué diferencia puede hacer una letra! ¡Cada vez que entro a la sala de estar comienzo a reírme al pensar en la cantidad de gente y consejos que Dios ha usado para mantener ese GOZO elevado!, aun en medio de tremendas pruebas.

Cuesta trabajo mantener el gozo vivo. Pero las buenas noticias son que el estándar de Dios está siendo levantado en todo el continente a causa de tu desafío a las táctica del enemigo, y porque has sobrevivido a este genocidio actual perpetrado por Satanás. Él ha planificado

---

* Este párrafo ha sido adaptado a una forma española de jugar con las letras. En inglés los conceptos son distintos, y en la traducción pierden totalmente su sentido.

sistemáticamente la destrucción de los herederos reales de la gloria tardía. Y *nosotros* somos los herederos reales.

Estamos viviendo en un tiempo en el que Dios nos ha elegido para recibir una doble porción. La religión muerta está arrojando las ropas modestas sobre aquellas mujeres que caen «bajo el poder» cuando usan ropa de última moda. Somos antagonistas a la religión muerta, ¡y es tiempo de dar puntapiés en los traseros de algunos diablos mayores!

Somos los herederos reales de Cristo

¿Es mi imaginación, o en la actualidad hay más parejas infértiles que nunca antes? ¿Es sólo una casualidad, o el divorcio, aun entre los cristianos, está en real aumento? ¿Son solo las noticias, o los crímenes violentos han llegado a ser tan comunes que no les prestamos atención, a menos que haya muertes sensacionalistas? ¿Qué está pasando?

El enemigo está afuera, buscando destruir esta generación. Una pregunta: ¿Hay más casos de cáncer, y nuevas y desconocidas enfermedades que han sido liberadas hoy en día? ¡Sí! Esta es la generación que dará nacimiento a los grandes pastores, apóstoles, profetas, maestros, evangelistas, misioneros y salmistas que este mundo haya conocido jamás. Si Satanás te saca del medio, él puede quedarse con tus hijos, tu esposo, tu cófrade y tu ministerio. *Tú* eres la primera en la línea de defensa, y él sabe que contigo, con todas tus oraciones, *y* tu fe totalmente en trizas, todo lo que necesitará es caminar sobre ti para tenerlos. Pero Satanás no tuvo en cuenta que la poderosa gloria de Dios fue derramada sobre nuestra generación.

¡*Nosotros* somos la generación que Dios usará para llenar la tierra con su gloria!

Eso, realmente, pone mal al enemigo. No nos rendiremos, no nos derrumbaremos, y no cederemos hasta que la promesa sea cumplida.

Buenas noticias para ti y para mí

Entonces, ¿cómo terminó la historia de mi padre? Él tuvo una visitación demoníaca, despertándolo de un profundo sueño. El diablo le dijo que lo mataría a él Y a su hija —¡YO! Inmediatamente la presencia del Señor descendió y lo ministró. El Señor le dijo que el diablo era un mentiroso, y que a pesar de lo que él escuchara o viera, la Palabra de Dios era verdadera, y que Él estaba en control. El Señor le dijo que no moriríamos porque su mano estaba sobre nosotros. Y es por eso que permanecemos, oramos, nos regocijamos y crecemos de fe en fe.

Estaba leyendo la Palabra unos pocos días atrás, necesitando el confort del Espíritu Santo. El Señor me habló más allá del texto y me dijo:

> *«Hija, hay muchos que quieren conocerme en el poder de mi resurrección. Ellos quieren el poder, el fuego y la gloria. Pero quieren evitar el conocerme a mí en el compañerismo de mis sufrimientos. En el poder de mi resurrección tú permaneces lejos, pero en el compañerismo de mis sufrimientos puedo acercarte a mí. Entonces tendrás un mejor entendimiento del valor del precio que pagué con mi cuerpo en la cruz.»*

Me asemejo a los discursos que obtenía de mis padres cuando dejaba mis patines debajo de la lluvia, y las ocasiones que los minimizaba cuando me decían que no apreciaba las cosas por las cuales ellos se habían sacrificado para proveerme. No fue sino hasta que llegué a ser madre —y que vi las ropas que tan amorosamente había lavado y planchado, tiradas sobre el piso de la habitación de mi hija— cuando entendí completamente el precio que mis padres habían pagado. Cuando tuve mis propios hijos comencé a pagar el precio por ellos.

Adecuadamente enseñados y adiestrados, cierto día nuestros hijos tendrán respeto y honra por aquello que, sacrificialmente pero deseosos, —y a cualquier costo—

hicimos por ellos.

A no ser que tú y yo paguemos pacientemente el precio de la espera, dando gloria a Dios en medio de los sufrimientos, no lo podremos conocer realmente.

Jesús pagó el precio más grande: la pérdida de todo. Él hizo eso para darle todo a sus hijos. ¡Esos somos nosotros!

•••••••••••••••••••••

Por lo tanto, no abandones.
Te prometo que vale la pena.
Él te guardará en su gracia y en su tiempo.
¡La promesa vendrá cuando tengas aún las energías
y facultades mentales para disfrutarla!
Mientras tanto, ¿puedo ofrecerte
algunas pasas de uvas? ¡Ayudan, realmente!

•••••••••••••••••••••

Epílogo

Testimonios desde el otro lado

ESTAMOS CONSTANTEMENTE bombardeados con malas noticias de lo que el diablo está haciendo alrededor del mundo. Cada reporte, noticiero radial y página impresa grita oscuridad y perdición. Si creemos a cada uno de esos reportes, parecería como que el diablo está logrando su cometido.

Sólo para que conozcas que lo que he estado escribiendo no son los delirios de una ama de casa de 43 años, quien finalmente cruzó la línea, estoy incluyendo los siguientes extractos de cartas que he estado recibiendo de quienes pueden dar testimonio sobre el poder y el amor de Dios. Por favor, entiende que comparto estas cartas para animarte y construir la fe, no para mi glorificación personal. ¡A DIOS SEA LA GLORIA!

LIBERACIÓN DEL RECHAZO: *Mi cuñada pasó su libro a nuestro grupo de oración … No era lo que esperaba. No puedo explicar toda la liberación, revelación y bendición que he recibido al leerlo. Hice la oración de liberación del espíritu de rechazo, y clamé sobre mis rodillas delante del Señor … Estoy liberada. He estado tratando con una situación con mi hijo y su esposa … Yo atraje a una «Abigaíl» y vi un cambio hermoso en ambos inmediatamente. ¡Dios es asombroso! Gracias por el humor con el cual ha acercado los principios de Dios.*

—J. S., DELAWARE

«La fe viene por el oír ... la Palabra» (Romanos 10.17). Cuando el pueblo de Dios escucha la palabra viva, esto estimula la pequeña «semilla» de la fe en nuestros corazones. Esto es lo que hemos visto vez tras vez en nuestro ministerio. Ya sea que lo escuchemos en persona, o lo leamos de la Biblia o de un libro, es suficientemente poderoso para traernos liberación, tal lo ocurrido en la vida de esta mujer o en cualquier cosa que necesites en tu situación ... ¡hoy!

UN MARTILLO DE CONVICCIÓN: *Acabo de leer (por segunda vez) Estoy tratando de sentarme a sus pies..., y tengo que decirle de cuánta bendición y desafío ha sido ese libro. En su introducción usted escribe: «Tú no has recibido este libro por accidente; es una cita divina ... como respuesta al clamor de tu corazón.» ¡Sí! Puedo dar testimonio de eso!, porque es exactamente lo que me ha sucedido.»*
—L.W., ALABAMA

«Por Jehová son ordenados los pasos del hombre» (Salmo 37.23). Nunca deja de asombrarme cuán fiel es nuestro Dios, no sólo en mi vida y en mi familia sino en los miles que Él tan graciosamente me ha permitido ministrar cada año a través de las reuniones, conferencias, y ahora a través de la página escrita. Como cristianos, nunca seremos «gente de suerte», sino bendecidos por un Padre que todo lo ve y todo lo cuida. Dios, si le permitimos, ordenará nuestras vidas para nuestro bien y su gloria. Muchas son las veces cuando pienso que todo anda mal, y que debiera estar en otro lugar, en cambio de dónde me encuentro en ese momento. Entonces, «¡BAAM!», me doy cuenta que Dios me ha puesto ahí para ministrar a cierto individuo, o me ha puesto en medio de una circunstancia que llegará a ser una de las más grandes bendiciones que pudiera haber deseado. Practica el escuchar la voz del Espíritu Santo, y mira si no comienza a dirigir tu vida.

TRANSFORMADO POR EL MENSAJE DE UN LIBRO: *Mi cuñada compró su libro Estoy tratando de sentarme a sus pies... y lo pasó a varias mujeres de nuestra iglesia. ¡Cada mujer que lo ha leído ha sido transformada por el mensaje. Fui criada como hija de un predicador de las Asambleas de Dios (y todavía lo soy), y he experimentado una gran cantidad de rechazos ... el saber que usted también es hija de un predicador realmente me ha ministrado ... Muchas gracias por traerme las palabras de sanidad de Dios.*

—R. D., CALIFORNIA

Estando en el camino gran parte del año, lejos de mi familia y de aquellos a quienes tengo cerca, con frecuencia experimento aquellos mismos sentimientos de soledad que muchos de ustedes me confiaron como experiencia personal. Están las habitaciones solitarias de los hoteles, y las muchas veces que me encuentro a mí misma sola entre extraños. David dijo que se animaba a sí mismo en el Señor. En esos tiempos extraigo confort de la historia que Jesús contó, sobre el pastor que fue tras la oveja perdida. «Él buscó hasta que la encontró.» ¡Cuán determinado está Él en buscarnos, no importa cuán profundo sea nuestro rechazo o nuestra miseria!

Amo esta parte. Cuando Él encontró la oveja, suavemente la levantó, la puso en sus hombros, y la trajo de nuevo al redil. Eso es exactamente lo que Jesús hace. ¿Puedes sentir la ternura y tibieza de sus brazos, mientras te acuna con su sanador y amoroso toque? El rechazo y la soledad se marchitan a medida que el calor de su presencia te toca.

LA CARGA DEL DESÁNIMO ES QUITADA: *Recibí su libro para Navidad, de parte de mi madre. Fue uno de esos que realmente ministró a mi corazón ... Sabía que estaba planificando venir a la reunión de fin de semana de la Fraternidad de Hombres de Negocios del Evangelio Completo. Pensé: «No puedo ir; mi hijo tiene un torneo de baloncesto todo el día» ... Pude hacerlo todo en tiempo. Usted dio la introducción para la ofrenda. Tenía un billere de $ 5 en mi mano, y pensé: «Esto es muy poco. Tengo que ofrendar $ 10.» Yo lo tenía doblado, en un pequeño cuadrado. Entonces usted habló de cuán ofendido estaba Dios. Yo pensé: «De acuerdo, Dios. ¿Qué es lo que deseas?» Saqué mi chequera y escribí un cheque de $ 100. Esto no es lo que normalmente yo hubiera hecho. Me encontraba bajo un gran* *desánimo ... Bien, Dios hace grandes cosas. Después de que usted hablara, corrí hacia una prima mía ... y antes de darme cuenta, ella me llevó al frente, para que usted orara por mí. Parada ahí, yo pensaba: «¿Qué estoy haciendo? ¡Ni siquiera se por qué pedir que oren por mí!» Mis sentimientos eran tan negativos que ni siquiera sabía por qué pedir. Usted oró conmigo ... ¡Qué dosis de alegría me dio Dios! Una gran carga fue quitada ... Quisiera poder acordarme qué fue lo que usted me profetizó ... En este momento no estoy concentrándome en el contenido, sino en que me lo dijo a mí, y que me ayudó cuando lo necesité. ¡Nuestro Dios es asombroso! Dios la bendiga ... Usted fue usada como un escalón en mi vida ese día.*

—C. H., ILLINOIS

ORACIÓN DE RENDICIÓN: *Acabo de terminar de leer su libro Estoy tratando de sentarme a sus pies... Siento que la conozco como a una amiga. Me ha ayudado a reconciliarme en una profunda rendición a mi Señor. Esta mañana leí la oración de rendición, en la página 143. Tuve una sensación de «dejarlo ir». Físicamente parecía estar pegada a mi sillón, sintiéndome débil desde los hombros hasta los dedos de los pies ... Encontré mi vida y muchas respuestas en su libro. Usted me ha tocado con sus palabras ... Tenía que hacerle saber cómo este libro que usted ha escrito ha llegado a ser parte de mi vida diaria, y cuánto ánimo ha instilado en mi corazón. Me siento totalmente rendida por primera vez.*

—M. T., FLORIDA

No hay ejemplo de oración de rendición más hermosa y que toque el corazón que la orada por Jesús en el jardín, la noche en que fue traicionado. «Padre, no mi voluntad sino la tuya.» Él no quería tomar de la copa de sufrimiento, pero rindió su voluntad al Padre. Tomó de la copa despreciando la vergüenza. Él soportó la cruz y ahora está sentado a la derecha del Padre. Como Jesús, nosotros también debemos rendirnos si estaremos sentados con Él.

LA PALABRA PROFÉTICA RECIBIDA EN 1983 SE HA CUMPLIDO: *Acabo de terminar de leer su libro Estoy tratando de sentarme a sus pies... Me ayudó mucho, especialmente en este tiempo ... El motivo por el que fui atraída a su libro fue porque usted me dio una profecía hace casi catorce años atrás, la que ha tomado algún tiempo, pero cada palabra se ha hecho verdad. [Ella dio una larga descripción de las*

¿Ya casi llegamos?

profecías, y cómo Dios cumplió cada una de ellas.] Deseo haberla animado en su ministerio, ya que en mi caso su palabra del Señor fue exactamente correcta.

C. G., FLORIDA

«Tal como soy, sin más decir, pues Él su sangre vertió por mí.» Con frecuencia recuerdo las palabras de este hermoso y antiguo himno cuando he tratado de planificar cosas en mi vida, y poner mis cosas en orden. En mi mente, todo fluirá suavemente a causa de mi brillante planificación y pensamiento. Pero lo adivinaste: ahí es cuando todo comienza derrumbarse y empiezo a sentirme realmente frustrada. «Busqué a Jehová, y él me oyó, y me libró de todos mis temores» (Salmo 34.4). ¡Qué dulce alivio fluye del alma! ¡Qué gozo reemplaza la desesperación! «Sí, Señor, rindo todo a ti.»

LOS LIBROS NO SON SOLO PARA MUJERES: *A veces es tan fácil simplemente leer los libros, olvidándose que las páginas son eventos en la vida de personas, y las formas que el Señor se ha movido para traerlos. Sus dos libros que mi esposa compró me han sacudido y animado a tener una mayor fe en Jesús y a verlo moverse en nuestra tierra.*

J R., AUSTRALIA

ESTÍMULO DE LAS REUNIONES MENSUALES EN ORLANDO: *He estado yendo a sus reuniones sin faltar … La palabra del Señor que usted trae cada mes me ha animado a continuar en el camino de la justicia. Realmente, ha ocurrido en mí un surgimiento en mi interior a fin de permanecer contra el diablo y sus intrigas, las que con frecuencia me hacían descarrilar en el pasado. Cada mes, la palabra que usted ha compartido ha sido una confirmación de lo que el Señor está haciendo en mi corazón. Es exactamente donde estoy, y por lo que mi corazón está clamando. Tengo amigas quienes no pueden asistir a las reuniones debido a sus trabajos o porque viven en otros estados. Cada mes les he enviado por correo los casetes de las reuniones, y estos han impactado sus vidas.*

—B. S., FLORIDA

Una de las más grandes y efectivas mentiras del diablo es su «sí, pero…» Él dirá: «La Palabra dice… Es verdad,

pero no se aplica en tu caso porque eres muy
_____.» (Llena el espacio.) Tenemos la elección de
creer sus mentiras y recibir sus recompensas (robar, matar
y destruir), o aceptar la verdad de la Palabra de Dios y recibir vida, y más que abundante.

Los casetes ministraron a estudiantes en la universidad:
*Quiero expresarle mi agradecimiento. Me presentaron su ministerio
hace un par de años atrás, cuando mi madre asistía a sus reuniones.
Ella siempre me enviaba copia de los casetes para escuchar aquí en
la universidad, y prácticamente los gasté. Los he escuchado y rees-
cuchado, y he sido ministrada realmente por ellos cada vez. Hay momentos en que extraño mi familia y necesito algún ánimo, así que
pongo alguno de sus casetes y recibo de su parte. Su humor me anima, y sus palabras enfáticas me desafían en mi caminar con el Señor. Gracias, nuevamente. Sé que hay veces en las que usted piensa
que su ministerio no ayuda o desafía a nadie, pero a mí me ha asis-
tido, y continúa haciéndolo. No creo que alguna vez usted conozca
el completo efecto que su ministerio está teniendo sobre la gente ...
Espero que esta nota la anime hoy.*
— A. M., Oklahoma

*Sanada mientras miraba un vídeo: He disfrutado mucho su minis-
terio. La he escuchado ... y comprado seis casetes y un libro. En ju-
lio de 1996 me encontraba muy enferma, con problemas abdomina-
les y enfrentando una cirugía; un amigo me trajo uno de sus vídeos.
¡Fue dinámico! Usted estaba orando por la enfermedad y reprendió
al «hígado y al dolor abdominal». Experimenté una gran tibieza, y
sentí que Dios me había sanado. Desde entonces no ha habido cirugía; sólo la mano ungida de Dios. ¡Gloria a Dios!*
— M. O., Florida.

Nunca dejará de asombrarme cuán fiel es el Señor en
honrar su Palabra e inspirar fe a la gente, para actuar sobre sus promesas y recibir lo que necesitan. Sea en persona o por casetes grabados unos meses antes, Dios usará el
mensaje para su gloria y la edificación de su Reino. Déjame animarte, querida lectora. Si lees una promesa del Señor que toca tu espíritu, apodératela para ti misma, y deja que Dios te toque.

Me sonreí entre dientes con esta próxima carta, puesto

¿Ya casi llegamos?

que su escritor describía a mi esposo Randi, diciendo: «Randi acaba de ministrar en la iglesia a la que asisto ... *en su tímido e introvertido estilo*; Randi anima a la gente a leer los libros que usted escribe. Parece como si él creciera en altura como dos metros y medio cuando habla acerca de sus dos libros. Casi no podía entender este fenómeno, por lo que compré ambos libros...»

Ahora, para quienes conocen a mi esposo, este es un lado suyo con el que no estoy familiarizada. Es un precioso judío nacido de nuevo. Pero nunca me ha mostrado su «estilo tímido e introvertido». Realmente, debo preguntarle a él dónde ha estado escondiendo de mí ese lado de su personalidad durante los últimos veintiún años.

LECTURA PARA EL CRECIMIENTO: *Ya que tengo un corazón por aquellos que desafortunadamente son llamados «reincidentes», los tópicos que usted escribió cubren muchos de los temas que confrontan esos bebés cristianos ... su libro me exhortó a tal punto que, definitivamente, lo recomendaría como lectura sugerida para todos los cristianos, y especialmente para los bebés en Cristo...*
—G. B., CALIFORNIA

DIOS MINISTRA INCLUSIVE EN EL AEROPUERTO: *Usted no me conoce, pero siento que después de haber leído sus libros, soy yo quien la conozco a usted. [Alguien le dio a ella el libro Estoy tratando de sentarme a sus pies...] Lo puse en mi maletín y mientras estaba sentada en el aeropuerto esperando mi vuelo, lo saqué y comencé a leerlo. Mientras leía la introducción comencé a llorar. Era como si Dios hubiera puesto su libro en mis manos, para una muy cansada y herida guerrera. Y ese es el motivo por el cual le escribo: para agradecerle ... Acabo de terminar ¿Puedo sencillamente matarlos, y decirle a Dios que se murieron? Fue como pan fresco para un hambriento. Me animó y me recordó que mis hermanos a través del mundo están teniendo la misma clase de sufrimientos ... Usted me ha animado a mantenerme en mi «campo de lentejas».*
—L. L., FLORIDA

DIOS CUMPLE UNA PROFECÍA DE EMBARAZO: *Mi esposo y yo fuimos a escucharla hablar en enero de 1997 ... Esa noche usted pidió que pasara cualquiera que estuviera intentando quedar embarazada. Mi esposo y yo pasamos adelante por oración. Habíamos estado inten-*

tando concebir por casi tres años. Después de dos tratamientos para la fertilidad, sin éxito ni embarazo, nos dimos por vencidos. A mi esposo le quedaba un poquito de fe, pero no a mí. [Ella contó de otras dos profecías que recibió. La carta continúa hablando sobre las dos profecías personales que se cumplieron.] ¡El 7 de marzo encontramos que yo estaba embarazada de seis semanas! Me gustaría agradecerle por obedecer al Espíritu Santo. Usted es una gran bendición para nosotros dos.

—N. K., MAINE

DESDE LOS ÚLTIMOS INTENTOS: *Estuve en su conferencia este fin de semana, y necesito decirle que estaba a punto de colapsar, cuando me registré para asistir. Llevaría mucho tiempo contarle lo que han sido estos tres últimos años de mi vida. Y para ser honesta con usted, renuncié a Dios y me desmoroné. Estaba enojada con Él y ciertamente no le creí más. Sencillamente, estaba enferma de la vida. ¡Rota en un millón de pedazos! ¿Cómo pudo mi amoroso Dios permitir que todo esto sucediera? Estaba renunciando a servir a un Dios que permitía que tanto dolor viniera a mi vida ... Cathy, quiero que sepa que usted puso una chispa en mí; no, usted me impregnó con mucho conocimiento de por qué esto me sucedió. Sé que soy una sobreviviente. Esto sirvió para que el propósito que Dios tenía para mi vida pudiera ser perfeccionado y cumplido en mí. Siempre tuve el «conocimiento mental» de por qué Dios permitía que las cosas sucedieran, pero nunca había recibido la llenura del «conocimiento de corazón», hasta que realmente escuché; sus enseñanzas encendieron una nueva vida en mí ... Dios me mostró que tenía el «síndrome de la esposa de Lot»; siempre mirando atrás. Pero gracias a usted estoy buscando, desde el centro de Creta, sobre mi horizonte, y veo una hermosa y nueva sonrisa. No he arribado todavía, pero veo el amanecer en lugar del atardecer ... Cathy, quisiera decirle cuánta bendición ha sido para mí, y decirle que la amo por todos los sacrificios que usted hace para Dios, a fin de bendecir a su pueblo. Acabo de terminar su libro, y fue una bendición...*

—S. B., MARYLAND

El rey David había sido despojado de su trono por su propio hijo; ¡un hijo que ahora se preparaba para ir tras él y matar a su propio padre! Más allá del Jordán, lejos de la casa de Dios, David estaba quebrantado de corazón y hecho pedazos. Amaba a su hijo Absalón más que a su propia vida. Lloró y oró, y algo asombroso sucedió. Él declaró: «Cantaré» (ver Salmo 61). Aparentemente, nada había cambiado. Su hijo aún buscaba su vida. David todavía estaba en el desierto, pero Dios tocó su corazón con fe, y él pudo cantar. Sí, Dios destruyó sus enemigos y restauró a David al trono. Pero este aprendió que no debía esperar a que esto se cumpliera *para poseer el gozo de saber que Dios estaba en control, y que se haría cargo de todo.*

> SENCILLAMENTE, NO PUEDES DARLE A DIOS: *Mi corazón estaba temeroso y quebrantado antes de ir al retiro donde usted estaba ministrando. Dios me liberó cuando usted enseñó acerca de construir una casa para Dios, y plantar una semilla en función de esa construcción. Di casi todo lo que tenía en mi cartera, quedándome sólo con dos dólares para la gasolina de mi camino de regreso. Cuando llegué a mi casa, alguien había puesto 110 dólares en mi cartera. Los encontré cuando desempacaba mis cosas ... El leer su libro Estoy tratando de sentarme a sus pies... nos ha llenado con esperanza a mi esposo y a mí.*
> —R. W., PENNSYLVANIA

Dios ha establecido ciertas leyes en orden dentro del universo. Por ejemplo, está la inmutable ley de gravedad. Cada vez que volamos a través del país se nos recuerda que el avión está *desafiando la ley de gravedad de Dios.* Cuando algo mecánico le sucede al avión y no puede vencer más esa ley, la gravedad toma control y el avión se estrella contra el piso. Dios también ha puesto en orden ciertas leyes espirituales, como la mencionada en la carta anterior. Él dice: «Dad, y se os dará ... en *vuestro* regazo» (Lucas 6.38, énfasis agregado). Dios quiere dar sobre nosotros, pero a menudo desafiamos su ley, entonces Él no puede bendecirnos.

Estos son extractos de unas pocas de las cartas que recibo. ¡Sí, *leo* mi correspondencia! No puedo contestar cada una, pero me gozo leyendo los testimonios del pueblo de Dios. Es mucho más fácil para mí dejar mi hogar, mis niños y esposo cuando sé que estoy yendo a ministrar gente que está hambrienta por la Palabra del Señor.

Mi oración es que hayas obtenido ánimo de estos testimonios, de lo que Dios *puede* hacer —y *hará*— por sus hijos. Él te ama. ¡*Realmente!*

Casa Creación

Presenta

*libros que edifican
inspiran y fortalezen*

C A S A
CREACIÓN
ALIMENTANDO
SU ESPÍRITU

www.vidacristiana.com

Casa Creación

Presenta

libros que edifican
inspiran y fortalezen

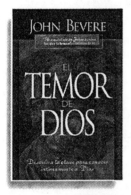
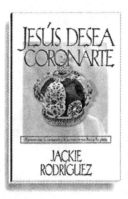

C A S A
CREACIÓN
ALIMENTANDO
SU ESPÍRITU

www.vidacristiana.com

Yo Voy a hacer
Nada Voy a esperar
que Dios obre.
EC
4/13/21